好好虚度爱情

伊登 ———— 著

 广东人民出版社
·广州·

目录

寻

找

篇

这是一个
关于寻找的故事

我对爱情这件事的真正有意识的探索，是从离婚之后开始的。

我和前夫是少年夫妻，从大一开始相恋，经过激情之爱和旷日持久的痛苦撕扯后，在我们 35 岁的时候彻底分开。去离婚的那天我们依然保持着只要在一起，就轻松调侃的气氛，民政局的办事员抬头看了我们一眼，了然于胸地说：是要买房吧。我们笑笑，谁也没有说话，我心中想，如果是买房就好了。

办完手续，我们有说有笑地走到门口，各朝各的方向。我没有立刻打车回家，而是朝家的方向慢慢走。一边走，一边想，作为一个孤独的人，作为一个单身妈妈，我仿佛被抛掷在危机四伏的旷野丛林中，冒险开始了。在这场冒险中，我什么都没有，唯有倚靠自己。

离婚后，新的恋情很快就展开了。依然不能给我带来任何安全感，我总是在半夜惊醒，就像一艘轻薄的小船漂浮在黑暗的海面上，看不清要往哪个方向行驶，也随时可能被巨浪掀翻坠入海底。

随着生活慢慢展开，夜晚惊醒的时刻变少了，我大概也逐渐适应了旷野丛林的生存之道，手上的武器虽然不锋利，靠着自己的一技之长和不算太差的天资，多少也能保证自己和女儿的生存无虞。

恋爱一段接一段地谈，形形色色，长短不一。离婚时，担心过单身妈妈不好找对象，后来发现纯属多虑。

我曾经庆幸过，初恋就结婚，虽然少了很多体验，却也轻松，不用一直换人，磨合，耗费那许多精力。很多次和前夫吵架到热血上涌，半夜奋写离婚协议，过了两天却又和好的时候，心中是舒了一口气的，觉得幸好，幸好，不用换人了。没想到，该还的债还是得还，别人是结婚前不停地换男朋友，我是离婚后不停地换，感情这门课，我还是得补课。

在又一次恢复单身后，我坐到电脑前，打开一个空白文档，想要写下这么多年我在情感和两性关系中的觉察，因为不想一次又一次地陷入无意义的轮回。

与此同时，我像一个在学习中频频遇到问题的困惑生，采访了很多看上去很清醒的爱者，试图从他人的答案中，弄懂爱情这件事。

这本书的写作持续了大概一年。在这一年中，理论结合实践，我在情感的旷野中逐渐舒展了起来，偶尔沉重，大部分时间却也能自在地游乐。

之前看《本真不可见》，里面说到《小王子》的作者圣埃克苏佩里的"沙漠化"理论。生命的关键在于让人们深刻地感受到人生的无意义、灵魂干涸、虚无与虚妄不实，等等，直至向往之能量在心中复苏。"寻觅一口井的漫漫征途比饮水本身更为重要"，人们不仅想知道靠什么活着，比这更重要的是，他们一定要知道为什么活着。

用非常直白的语言翻译就是：知道自己想要什么，并且追逐的过程就是意义。

在我的"中二"年代，写过一句话："这一生，除了爱，我什么都不想要。"写完之后觉得这句话可能会把别人吓到，觉得我太过"恋爱脑"。但是现在想想，其实也没有错，对我来说，人生最大的意义仍然是爱，除了爱，我一无所求。只是何为爱，如何去爱，怎样才能得到爱，每个年龄段都有不同的理解。同时，爱以多种面目存在，两性之间是爱，老友之间是爱，母女之间是爱，于书写，于万事万物都是爱。在一起是爱，分离也是爱，爱不一定是沉重的，也可以是轻快的，豁达的。

爱情的另一层意义，是在漫长的寻找过程中，逐渐了解自己是谁，想要找怎样的人。在这个过程中，不断打破自己的疆界，不断渴望而后失望，再继续起身往下走。意识到水之所以珍贵，是因为星空下走向泉水的漫漫征途，是看到自己在皎洁月光下的孤独身影，那样微小，又那样强大。

至于有没有找到那个人，已经不重要了。

约会关系是靠双方的魅力吸引来维系和推动的
关系，不捆绑，不约束，走到哪一步全看双方
的感觉和心情。它和注重当下、谈着玩玩的恋
爱区别不大，和有明确目的，比如奔着结婚去
谈的恋爱区别就比较大。

—— *Alpha*

Alpha

当女生开始约会

十年

Alpha（阿尔法）用了十年时间，慢慢走出了与法
国前男友的关系。

2014 年，27 岁的 Alpha 辞掉了在巴黎的工作，回
到中国，在上海开始新的工作。与此同时，她与当时的
法国男友也分手了。

分手并不是毫无预兆。在之前两年的交往中，分手又复合，复合又分手，结果是谁都离不开谁。男友仍然在照顾 Alpha 在巴黎的日常起居。他帮她填满冰箱，帮她处理居留、纳税等令人头疼的文件。

回到中国对这段关系而言，未必不是一个好的结束，当时他们这样想着。Alpha 收拾了行李，没有带走的，封箱好，留在了法国男友家的地库，他开车送她去机场。

回国后，工作非常忙碌，Alpha 并没有遇到迷人的男人。她每天回到家的第一件事，仍然是和在巴黎的前男友通电话，每天聊一个小时起步，聊完之后，再做其他的事情。远离了可供争执的土壤，两个最熟悉和了解对方的人，关系反而融洽起来。

每次接通电话，Alpha 只要说一个"喂"字，前男友就知道，她的心情好不好。

就这样过了两年，Alpha 恋爱了。新男友接受不了她和前男友过于亲密，他们不再像从前那样长聊，改成隔几个月沟通一次近况，像家人一样报平安，彼此也不再分享日常。

到了第七年，她又恢复了单身，与法国前男友偶尔还在联系。但是间隔了几年时间，她发现自己的法语已经退化到无法表达深层的意思，日常生活差别太大，他们已经无法再回到原先那样亲密无间的状态。

到了第八年，他们不再联系。

在 2023 年，他们分手的第十年，她在网络上写下与前男友的种种过往，这个人最终消失在生命中。

这段十年的关系对 Alpha 产生了怎样的影响呢？就是她永远都不会怀疑，自己会被人深爱。在这段感情中，她有深深的"被看见"的感觉，对方欣赏和爱护她身上每一个"使之成为她"的特点。她体验到了个体的内在完整性，不再有缺失感。

她出生在中国中部的一座小城市，父母给了非常好的成长环境。和小城其他家庭不同，父母对她是一种无性别差异的教育，他们从来没有觉得女孩和男孩不同，男孩能做的事情女孩不能做。他们希望 Alpha 成为一个独立、有能力、自食其力的人。"我们那里的很多女孩从小是不被'看见'的，有一种自卑感，我没有。"

除此之外，还有一点是很难得的：Alpha 的爸爸非常爱她的妈妈。她从小目睹爸爸如何对待妈妈。爸爸在赚钱养家之余，也承担家务，任何时候，都将妈妈放在第一位。"我妈妈是一个自己很有能力，也被爱着的人，所以我相信，女人被爱恰恰是因为她拥有自我。"

尽管这样，她依然想要离开家，想去追求一种自由的生活。"我不缺爱，但是我缺自由，我的家庭教育太严格了。从小，我父母就不允许我玩，不允许我放纵，我没有快乐和自由的童年。"

20岁的时候，她去了巴黎读本科，一直读到研究生毕业，然后工作。从20岁到27岁，她人生中很重要的成长阶段在巴黎度过。

她一直以为自己是一个很孤独、很不合群的人。到了巴黎之后，20岁的Alpha发现自己成了"主流"，她找到了同类。

她的法语虽然不够用，但是不要紧，她和朋友们坐在一起，甚至不用说话就知道彼此是同类。他们关心艺术，关心情感，关心人生的意义，大家一起旅行，一起玩乐。她无法维持长线的关系，互相吸引就在一起，彼此有分歧就迅速离开，完全不存在"磨合"这个环节。

"我大约是ADHD（专注力缺失多动症），我的专注力太难集中，兴趣太多，总是有新的人、新的事会吸引我的注意力。"

后来，她遇到了那位相处时间长达两年的前男友。这在Alpha的恋爱经历中，已经算得上一个奇迹。

"当年的我，又纯又欲又浪漫又缺爱，还特别舍得

寻找篇

付出感情，也不扭捏，风格文艺，还喜欢旅行喜欢文化喜欢哲学，有自己的主意和见解，这一切，就是巴黎主流社会喜欢的女性画像。"

当年的 Alpha，内心有无数缺口，但她认为只有内心有缺口的人，才更有动力找寻爱。

这是共生般的关系，即使是在分手后也无法割舍。"因为他是和我'长在一起'的人，他其实是帮助我完成了自己的一部分，我和他的关系很复杂，是恋人，也是朋友，也是亲人。"

很少有人将朋友这件事看得如 Alpha 一样重。"对我来说，对一个男人的最高评价就是这个人值得做朋友。因为恋人关系可能就只是肉体吸引，可能不需要趣味相投，但是如果这个人可以作为朋友交往的话，说明我对他非常认可。"

"当我已经没有缺失的时候，就发现留给别人的空间也更少了。我毫不怀疑他这辈子最爱的就是我了，毕竟，他得多幸运才能遇到另外一个那么在状态，那么用心，那么毫无保留全心全意爱他的姑娘呢？而我，也不会再像爱他那样爱别人了。我没有 100% 的爱了。"

婚恋市场和约会市场

回国之后，30 岁之前，Alpha 和这个年龄段的其他女生一样，为自己的婚姻努力过。

30 岁对很多未婚女孩来说，是一种魔咒，也是一个磨难。所有人都在用同一种粗暴的价值观去审视她们，似乎如果你不能在 30 岁之前进入说得过去的婚姻，你在其他方面所有的成就都会被人忽略。

"那时我刚刚回国，在情感上被法国的浪漫主义滋养得很好，有满满的爱，在每一段关系中，我都充分地被别人看见。我没有被人占过便宜，没有受过伤害，非常愿意在感情中付出。攒了那么多的爱和美好，我就这样在感情上带着'人傻钱多'的状态开始找男朋友了。"

Alpha 所从事的设计类行业，女性从业者居多，她身边适龄的单身男性很少。这也是上海这座城市适婚女性的现状：身边几乎没有未婚的男性，如果是以择偶为目的，就更难发现合适的男人。

当她遇到各方面都及格的同龄前男友时，在当时是最好的选择。

30 岁进入婚姻的焦虑让她第一次不是出于很喜欢，而是觉得他合适，开始了一段关系。他们的关系维系

寻找篇

了一段时间，她也第一次在感情中努力磨合，直到被耗尽。

当一名男性的标签是"有房有车 + 名牌大学毕业 + 工作体面收入良好 + 家庭小康 + 身高外貌都 OK"时，这样的男性在婚恋市场上，会变得炙手可热。他所有情感上的不成熟、性格上的自私几乎都会被遮掩，同龄的女生除了忍受，几乎没有退路。

Alpha 在努力坚持了一年多后与他分了手。她终于想清楚，并且下了这样的决心：如果她必须很努力，才能换来一个既定的、将来每一天都知道是怎么度过，但却丝毫感受不到快乐的归宿，那么，她宁可选择当下确定的快乐，也不会再次进入这样一条令人窒息的"赛道"。

30 岁之后，Alpha 彻底远离了"婚恋市场"，进入了"约会市场"。

她是这样定义二者的：

约会关系是靠双方的魅力吸引来维系和推动的关系，不捆绑，不约束，走到哪一步全看双方的感觉和心情。它和注重当下、谈着玩玩的恋爱区别不大，和有明确目的，比如奔着结婚去谈的恋爱区别就比较大。但和没有感情、纯生理的性行为又不一样，约会是一件强调感觉的事情。

Alpha 发现，身边比她漂亮、比她优秀、比她条件更好的女朋友，能够约出来的相亲对象普遍都不怎么样，比她平时约会的男性条件也差得多。她开始认真地思考这件事，总结了这样一个规律：

大城市里的婚恋／相亲市场，是以男性为主体的，是他们在挑挑拣拣，这里是他们的主场。因为客观条件达到婚恋市场门槛、主观上还想认真婚恋的男性"供不应求"。很多男性在没有达到可以婚恋的门槛前会"自我阉割"，他们是无声的、隐形的，不会把自己放在婚恋市场里自取其辱。达到及格门槛的男性数量有限。

而绝大多数被环境裹挟的女性，都只能在达到这个及格门槛的男性群体中挑选婚恋对象，男女数量比例因此失衡。在现代社会中，有许多自身发展极其优秀的女性，而同等优秀程度的男性但凡愿意结婚，由于可选择的结婚对象太多，他们并不会优先考虑优秀的程度，年轻、漂亮、性感、温柔、可爱、贤淑、顾家……都可以成为超越"优秀"这个因素的吸引力。

所以，在婚恋市场，任何一个只要条件没有硬伤的男性，都可以游刃有余地挑选自己满意的结婚对象。

但在约会市场，就是完全不同的一番景象。

与相亲市场相反，约会市场完全是少量女性的主场。因为大部分单身女性还没有放弃"要嫁个好人家"的想法。正因为要嫁个好人家，她们需要矜持，要维持口碑，要看双方现实因素是否匹配，还需要男性的付出和打动在先。

而并没有那么多男性做好了准备要这么费劲，他们只想有一些更轻松愉快的两性关系。因此，在约会市场的女性非常稀缺，有远超她们数量的男性在等着被挑选。在这里，女性可以自由"挑选"，她可以挑自己最有"感觉"的，可以挑最好看的、最帅的，或者最有趣的、最会说话的……可以选择的对象非常多。

"我觉得约会这种现象并不值得苛责，如果指责这些男性，他们就会在'两性市场'里消失，大多数女性需要去竞争那么一些达到婚恋门槛的男性的噩梦就会重现。如果我们都对对方宽容一些，那么我们也就不会那么孤独。"

约会关系，意味着它的结局是开放性的，它有巨大的不确定性，这种不确定性给人带来了不安全感。"我并没有觉得自己放弃了一条路，我只是在找寻一个适合自己的生活方式。"

能支撑 Alpha 选定这条路的原因有两点，一个是她的朋友，一个是她自由自在的生活方式。前者是她的支撑，而后者是她无论如何都不能放弃的目标。

"每个人都需要来自不同的人的力量支持，完全依靠自己，只有极少数人能够做到。我的家庭看上去是无条件地支持我，但是他们非常传统。我和我的父母有太多观念上的冲突，很容易争吵，我不能又不听他们的话，又依赖他们给我支持，这样有一些太自私，所以我放弃了来自家庭的支持。如果我没有遇到现在这几个和我非常要好的朋友，我可能会转而向伴侣，向自己的小家庭去寻求支持。但是我遇到了为数不多能够充分信任、相互支持、相约养老的朋友，所以每次想到她们，我都会觉得有充分的安全感。"

Alpha 有两个老友。一个如今在美国生活，她是一位单身妈妈，和新男友正在交往中，经历过离婚的一地鸡毛，觉得此刻的生活云淡风轻。她们每周会约定一个固定时间聊天，畅谈大家本周生活中发生的小事。另一位是 Alpha 在法国研究生时的同学，两人性格迥异，能够相处到今天经过了长达十年宛如情侣般的磨合和相处，Alpha 似乎只有对朋友才有如此耐心。

这三个成长背景完全不同的女孩，有一个非常确定的共识，她们都觉得老了之后，不管那时有没有男友、丈夫或孩子，都不如和老姐妹在一起生活快乐。

"这是一个互相判断的过程。我也有很多其他很好的朋友，能感觉到有些人是以家庭为先，朋友在后，这当然无可厚非。能一起养老的朋友不是一定要单身，只是我们没有把朋友的重要性放在家庭之后，我们对彼此的信任、愿意互相关照的心情也不比对家人的弱，所以我们老了之后，还是可以在一起玩乐，时不时住在一起，不停地换城市或者国家居住，这是我们最理想的养老模式。

"其实对我来说，无论爱人还是朋友，都是我在这个世界上没有血缘关系的人当中，联系最亲密的人。"

在这一代年轻人的眼中，未来的家庭模式甚至有可能不是以婚姻模式组建在一起的，它很有可能发生在没有血缘的人当中，是基于一种价值观的认同。

对于生育，Alpha 也想得非常透彻，"我没有那么在乎要小孩，因为我本身不是非常享受这件事情，除非在非常合适的条件下，否则我不太会打破现在这种自由的生活方式"。

Alpha 的勇气来源于她愿意放弃一个传统圆满的老年，而选择低成本低欲望、合理预期内理想的老年生活，在这个老年生活的愿景下，眼下的一切都显得可以随心所欲。

经过了几年的约会、审视、反思和总结，她在情感中越发自由和强势。

她曾经在社交网络上戏称自己是"感情食物链顶端的姐姐"，"我觉得食物链顶端的说法其实更多在于谁主动，'姐姐'可以自主选择，挑选对象，安排自己的生活。这其中的核心就是我们对自己生活的掌控力在变强"。

社交平台的全民化

"去哪里可以找到约会对象？"

这是想要约会的男女们最关心的问题。

对于这个问题，Alpha 并没有给出一个空泛的回答。她认为，要先从了解自己开始。

"我举两个相反的例子。我有一个女性朋友，她长得很好看，性格也很活泼，她的个人魅力体现在她的言行举止上，在人群中，这种魅力会被放大，她总是会被别人一眼就看到。那么对她来说，最容易发现约会对象的方式就是多出去参加社交活动，多参加兴趣小组，这样就会有更多的桃花。另一个例子是我自己，我长得并不好看，把我放在人群中，或者是有很多女性的场合，我是完全没有优势的。但是我很擅长一对一地聊天，我很容易和陌生人建立信任，别人会觉得我很有思想，很特别，很喜欢和我聊天。那么社交软件就是最能体现我这种优势的渠道，我可以通过社交软件，迅速筛选自己感兴趣的人出来见面。"

对于追求效率的 Alpha 来说，她永远只用一种类型的社交平台来找到约会对象：左滑（不喜欢），右滑（喜欢）。因为这种最简单。

"我的朋友也想在这类应用上找约会对象，但是她们有些下了几天之后忍不住又删了，因为上面的人太不主动了，就算匹配成功了也没有人会主动说话。现在很多社交应用上的人都是这样的，颜值越高的人越不主动。但是我反而非常喜欢这一点，因为我不喜欢别人在我不想聊天的时候来打扰我，我很喜欢主动说话，这样我可以自己控制节奏。"

Alpha 的开场方式也简单而直接。"我会先确认对方是不是一个假账号，因为有一些资料看上去非常好的账号，只是为了促活——提高应用的使用率，还有一些人不是以交友为目的，比如还没有聊天就直接问你要微信号的人，可能是为了带货。这些账号我会先排除一下。我就直接问他们：'线下吗？'"

同样的问题，如果是男性直接问女性，可能会有一些突兀，或者让女性感到冒犯，但如果是反过来就会好得多。Alpha几乎没有遇到任何的阻碍，"我一直觉得，我的思维模式更男性化，是非常直接和高效的，不需要更多情感上的铺垫。其实我所有高效的方式，都是建立在我是一个女性这个基础上，是享受了很多便利的"。

作为女性，她平时不需要投入太多时间和男性聊天就可以很轻松地把人约出来，还可以约在她自己方便的地点，用她自己舒服的方式。

通常，第一次见面她会约在咖啡馆，因为喝咖啡是效率最高的方式，如果这个人对她而言没有太大的吸引力，她会很快脱身。

正如Alpha的豆瓣账号标签是"活成一个人类样本"一样，曾经有一段时间，她对约会也没有太多的目的性，只要这个人让她觉得他身上有一些有意思的故事，或者是她以前没有见过的类型，让她觉得值得一杯咖啡的时间，就都会去见一下。"我对'我们'会怎么样是没有任何期待的，我只是想去认识一个不同的人。"

在频繁约见网友之后，她通过对各种人的观察总结出很多规律，也获得了很多经验来保护自己。

寻找篇

例如，网友互加微信时，让他给自己发微信号而不是把自己的微信号发给他，这样可能更方便"管理"而不是"被管理"，不会到后面人和微信号对不上号。又比如，如果他留的是自己的手机号，说明这个人行为比较坦荡；如果他让你扫码添加，说明这个人的戒心可能很强。同时，Alpha 自己的朋友圈也没有设置成三天可见，一些涉及个人隐私的内容会提前就设置成"仅自己可见"，其余的内容全都是大大方方地展现出来，一直可以追溯到近十年。"其实，我也在用最高效的方式让对方降低戒心。"

社交应用经过这么多年的发展，已经逐步走向了全民化，成为一个较为主流的年轻人交友渠道。"我的感受是，其实社交应用上的人，和你通过日常生活认识到的人，可能是同样的群体，只是他们在现实生活中的态度和在社交应用上展现出来的态度是不同的。在现实生活中，大家会有所顾忌，表现出自己更道德感的一面，而在社交应用上，就会表现得更直接。在社交应用上，他们可能会看人下菜，会去分析你更适合正儿八经地谈恋爱，还是只适合短期的玩乐。"

"狗崽崽"是 Alpha 在社交应用上找到的"弟弟"，刚刚毕业，他们的关系是 Alpha 未曾有过的新体验。她带着一种好奇和观察的心态，在旁观自己的这段关系会走向何方。

照片上的"狗崽崽"，是一个很俊美的日系美少年，也是最受"姐姐"欢迎的那一类男孩子：干净，真诚，简单，和"油腻"扯不上一点关系。

他们在社交应用上匹配之后，向来主动的 Alpha 只主动打了第一声招呼"嗨"，这位可爱弟弟就把话头接了下去，没有太多废话后就主动邀请了见面。

第一次见面照例安排在咖啡馆，对面走过来的他身高 185cm，气质很好，甚至比照片上的更好看，只是这种好看有一点单薄，只能够撑得起一杯咖啡的时间。但是由于他的颜值过于碾压，他们很快就进入了自己定义的约会状态——不用任何传统世俗关系来界定，但是一周一次的约会从那时就没有中断过。"弟弟"没有太丰富的情感表达，就像一杯白开水，但是在一众怪味饮料的衬托下，白开水显得非常可口。

对于一个注意力很容易被分散的人来说，这段一直维持了几个月的关系已经显得有些不可思议，更不可思议的是，他们的感情还在逐步升温。有一次，朋友送了 Alpha 螃蟹，为了趁新鲜吃掉，两人约了一起吃螃蟹。那是他们面对面吃饭最长的一次，Alpha 发现，有一搭没一搭地聊着，对面的这个人竟然并不无聊，足够撑得起吃一顿螃蟹的时间。

她是有很多情绪黑洞的人，她非常清楚自己在某些时候会"摆烂"，这个时候，如果她的伴侣过于敏感，就会被她的情绪反噬，最终两人都痛苦不堪。而有着海外成长背景，更懂得尊重个人隐私，在有爱环境下长大的"狗崽崽"似乎在这方面天生就有一些钝感，或者说是安全感。他不介意她的摆烂，甚至可能都没有察觉到她在摆烂。

她以前和伴侣所产生的种种问题，在"狗崽崽"这里都没有发生。一整个冬天，他们就像是两只互相取暖的小动物，在一起的时候，你蹭蹭我，我蹭蹭你，心满意足。

我在感情里游刃有余，却不为自己感到骄傲

Alpha 毫无保留地在豆瓣，在她自己的公众号里写下对人类的各种观察，和"狗崽崽"的点点滴滴。她几乎从未停止过思考，渴望在两性关系里找到一些规律和共性。"写这些好像是为了让我的经验对别人也产生作用。"

她有一个读者曾经对她说过，"你在走一条在中国很少有女生走的路，就好像一个先锋，我可以从你的身上，去看看这样一条路是不是能走得通"。

这是怎样的一条路呢？它是一条在约定俗成的社会风气下，以女性自我为主体，不被外界的毁誉所影响，不被社会的规训所限制，去积极探索让自己愉悦的两性相处方式，身体力行地去探索和实践的道路。

传统的婚恋模式对 Alpha 来说，早就不是一个必选项，她并不需要通过婚恋获得情感，获得生活上的便利和支持，"我的内心太完整了，而且对我来说，最重要的支持仍然来自朋友"。

"既然你内心已经如此完整，为什么还会热衷于不停地约会？你希望通过约会得到什么呢？"我不免会好奇。

"约会是我获得快乐的来源，而且还有一个原因，我很擅长约会，我想人大概就是喜欢去做自己擅长的事情。"Alpha回答。

对于第二个原因，人喜欢做自己擅长的事情，是因为知道会取得正向的反馈，那么在一段关系中，什么是正向的反馈呢？是被爱吗？很多女性希望在两性关系中得到关注，被看见，被爱，而这些显然也不是 Alpha 希望在约会游戏中得到的奖励。

她只想得到自己喜欢的人的喜爱，对于她不感兴趣的人，她从来都是毫不拖泥带水地拒绝，"其实，别人对你的喜欢意味着他对你的占有，占有你的时间和你的关注力"。她这样解读别人对她的喜欢。

听上去，现在 Alpha 的生活没有任何问题，想清楚了对自己而言最重要的事，逻辑自洽、言行一致地去履行，也有非常称心的人陪伴。

"但是我感到无聊。"Alpha 回答，"就是叔本华的钟摆理论，人生始终在痛苦和无聊之间摇摆，我没有痛苦，但是我感到无聊。"

她对人性看得越来越清楚，对情感游戏越来越游刃有余，但她并不为此骄傲。

"就像在一片非常贫瘠的土壤里很难结出饱满的果子，当一个社会过度追求实用，追求浪漫和爱的人就会受到伤害。受到伤害的人看到其他人在这个社会中得到了种种好处，也开始总结规律，摸索出一套适合自己生存的方案，他们以主动的姿态被动防御，甚至自我阉割。但是到最后，你会发现，这些和真正的快乐没有关系。"

Alpha 说："我对被困在同一个都市里的这群人缺

乏兴趣。

"尤其是最近几年，几乎没有人不是在无选择地，或者是浑浑噩噩地过自己的人生，没有几个人热爱自己当下的生活，甚至，有些人从未热爱过。人生总是艰难，只是我们从小到大，都没有被鼓励寻找自我。爱一定是基于自我的行为，人没有自我，爱又在哪里扎根生长呢？当一个人说他爱你的时候，究竟是谁在爱你呢？

"过去我们还停留在追求生理和安全需求的层面，现在只追求生理和安全需求已经不够了。但是我们又没有门道，没有环境，不知道如何去追求爱和自我实现，完全靠自己摸索实在太艰难了。"

在观察了足够多的人类样本之后，Alpha 发现，大部分人，是面目模糊的，就像一个个锯齿很浅的齿轮。他们追随主流的价值观，并没有长出"自我"的意识。一个很浅的齿轮是很难被人爱上的，因为没有可以被附着的地方。

Alpha 意识到了一些什么，她在考虑一些变化，她不想再像从前一样，在这样的环境中消磨对其他人类的好感，不想再为了适应这个实用主义社会而打磨各种生存技能。她已经很清楚地知道，她越擅于此，就越不会

　　　　　　　　　　　寻找篇

为自己感到骄傲。

　　"我想要去爱，想要去爱自己，想要去爱自己的生活，想要去爱别人。去爱，才会让我充满活力。"

梁永安

你想很有感情地生活，就要有一辈子单身的决心

　　几年前我开始听复旦大学中文系教授梁永安老师的"爱情课"。在今天这个时代，爱情已经只闻其声，不见其貌，而梁老师的讲述总能让我感受到一种理想的浪漫主义爱情的存在。

　　2022年的情人节那天，我坐着地铁去和梁永安老师、作家祝羽捷会面，我们约好要谈论一些和爱情有关的话题。下午两三点钟的样子，地铁里非常空旷，我坐

在座位上，心里浮现出电影《卡罗尔》的一个镜头。那是在一个深夜，卡罗尔问特芮丝："我要去旅行，你愿意和我一起吗？"特芮丝看着她，说，是的，我愿意。然后她抬头看了一下天空，天空中什么也没有，如果有，那是特芮丝孤独的灵魂，大约是她在对自己说，"我等你问我已经很久了"。

后来这期采访的封面用了特芮丝拍照时的剧照，我总是容易被深情的人吸引。

谈话结束后，我们和梁永安老师一起晚饭。席上他说了一些身边朋友的真实故事，这些故事都有一个共性：传奇又动人，那种爱的纯度和浓度仿佛只有中国古典小说里才有，但确确实实在真实的生活中发生了。

我想大概是因为梁永安老师是一个温暖的人，他始终愿意以最大的善意去看待一段爱情的走向。而爱情存在的可能，原本就在于你以怎样的角度去看待它。

爱情如何产生

伊登：梁老师，我今天过来还蛮忐忑的，听了您那么多年的《爱情课》，感觉今天像验收学习成果一样。我的理论知识都是从您这里学习的。

梁永安：理论有了，实践有没有？

伊登：也有一些，不太成功。

梁永安：那太好了。

伊登：我之前和朋友讨论，觉得不结婚，只谈恋爱，有一个稳定的伴侣也是不错的选择。但是我从我90后的朋友身上看到，她们连恋爱也不愿意谈，觉得只要 dating（约会）就好了，只要是一个稳定的关系，其实就是一种负担。梁老师觉得这是少数人的想法还是有可能成为一种趋势？

梁永安：我觉得如果"女朋友／男朋友"都是要先表白过，正式确立了关系才能算，那这个爱情就被收拢在一种特别格式化的范围里。

回到本质上，两个人可能没有正式地谈恋爱，没有正式地说什么，但是就已经在这个世界上恋爱了。在我们的世俗理解里，恋爱有很多的附加条件，如果你真的谈了，就会有一些义务，很多程序化的事，到了什么节点，应该做什么事，这些东西有时候对爱情反而有杀伤力。比如情人节，你不想送花，但是又必须完成这个事，其实在内心深处就会有一种损耗，这是对自由的损耗，它是必须要去做的事，而不是内心里想去做的事。

伊登：梁老师您觉得现在大家谈恋爱比原来更难

了吗?

梁永安：我接触的研究生的圈子都很难。我觉得男女还有点区别，男生谈恋爱就是谈恋爱，女生还会把恋爱和将来的婚姻联系在一起。有时候这个男生你光是从恋爱的角度去看，会觉得这家伙艺术气不足或者怎么样，但是他的家庭，他的学历，他的工作，从结婚对象的角度来看又还可以，可能你就会觉得很矛盾。

有一个女生第一次见面就和男生谈普鲁斯特，人家一听头都晕了。其实不能怪那个男生艺术修养不够，而是那个东西可能我再怎么努力都达不到。一个不会拉琴的人，可能听到大提琴的声音不会有太大的感觉，但如果是一个学过琴的人走在街上，他听到传来的琴声就会一下子驻足，觉得特别沉静。如果他对你感兴趣的东西都毫无感觉，我觉得这个男生跑得也对。他知道自己精神上不匹配，应该去找更合适的。

现在的问题就在这里，现代化发展，改革开放、全球化之后，不匹配的人越来越多了。不像以前，可能只要求他勤劳、善良，现在人和人之间的差异越来越大，就越来越难去找到一个那么精准（与之匹配）的人。而且大家都非常自我，很难委屈自己来匹配别人。

伊登：我记得梁老师您在之前的采访里面提到了

"精神人口"这个概念，精神人口就是有自己的价值观，有自己的思想，对自己的生活有清晰的反思的人。如果一个国家人口很多，精神人口比较少的话，这两个人相遇的概率就会变得很小。作为"精神人口"，我们应该做出怎么样的努力，来实现自己的爱情呢？

梁永安：你要真的想在这个世界上很有感情地生活，首先一定要非常坚定地有一个一辈子单身的信念。

现代社会里，一个人根本就享受不过来了。以前一个人一辈子可能只在方圆几十里内活动，现在则有无限的可能。就中国这一代人，14亿人中的几亿年轻人里，起码应该有个1/4，就决心一辈子单身，去拥有这个世界，这是另外一种拥有法。反而这种人往往容易谈恋爱。

我们今天的中国人，尤其年轻人，很多人心里边就是个战场。他们又想要传统的温暖，又想要现代的自由。有时候我们特别需要"现代的一根筋"——我就认定，不要左想右想。生活归根到底其实是一个人，短短的几十年，其实是很简单的，最好的生活就是过得特简单。我的理解是真正互相爱上了，那么这个世界一下子就变得很安静，其他东西都不太重要了。

伊登：您觉得在这样一个大环境下面，特别是对女性而言，该怎样去找到合适的伴侣？

梁永安：其实我觉得男女谈恋爱，如果一下子心动了，觉得这个人不错，肯定是有种你不知道的东西在。内心里边，直觉里面跟对方呼应上了，这是很值得珍惜的。

两个人逐渐靠近的时候，我觉得最要紧的是要经常反思自己，不能怪别人，怪别人是最大的一个爱情杀手。因为人家活了二三十年形成的自我，不会因为跟你一相遇，就处处都很合你的心，是吧？但是内心深处的那种感觉，那个东西是值得去好好地珍惜和维护的，然后用一种方法去建设出一个彼此越来越安适的生活。不要整天就说对方怎么不好，对方怎么样，这对爱情来说，是特别有杀伤力的。

我们该如何相处

伊登：卡斯·麦卡勒斯在《伤心咖啡馆之歌》里面写过一句话，意思是世界上存在着施爱者和被爱者两种人，这是两种截然不同的人，通常被爱的一方只是一个触发剂，爱情的价值和质量仅仅取决于施爱者本身。我当时看完这段话的时候，其实还蛮灰心的，它意味着在一段关系中肯定是有一个人会爱得多一点，有一个人会爱得少一点，那么世界上到底存不存在双向奔赴的爱情？

梁永安：这个肯定有，我也见到过一些两个人之间感情非常深的例子。

我觉得从男性角度来看，你爱一个女性的话，肯定首先是你很心疼她，因为人生不易。一个心疼你的人，他能容纳你特别美好的那一面，很漂亮，很聪明，很活泼，但是也能容纳你特别困难的那一面，他对你是很放不下的。我们说人要活得自由一点，洒脱一点，要舍得，但是爱情它是逆向的，它是舍不得。这辈子最好的方式就是跟她结婚，风风雨雨跟她很好地在一起，温馨地生活。这是一种最朴素的深情。

伊登：您觉得深情是一种错吗？有的时候如果一个人太过深情的话，他可能会陷入一个非常极端的状态，他的那种需求感可能会让对方觉得非常有负担，自己也会很累。究竟在爱情中是应该全情投入还是应该保留几分？

祝羽捷：我觉得深情肯定不是错，但是可能不会长命。因为情深不寿。

梁永安：这个肯定是应该全情投入。

我觉得这个不是单向的，好的夫妻或者好的恋人，是相互为第一的，就是双方都很深情，这个时候就会产生出一种两个人的共同助力。

但是我们要对深情有一个新的理解，深情首先要尊重对方的孤独。每个人都有自己的心思，这时候不是说样样都要相互告知，要全透明的，而是要允许一个人拥有自己的一些独处的时间，每个人的人生里面都有必然的现代孤独感。

还有一种深情就是要学会放弃，真正的深情是充分地为对方考虑。很多事情它有个界线，有些是属于对方的权利，是以他的意愿为先的。

祝羽捷：我觉得重新定义一下深情还挺好的，你的深情不应该是很主观的，要把他想象成一个完整的人，他需要什么，而不是自己一味地付出。

伊登：但如果说我的需求和他的就真的不太一样，比如说我尊重他的孤独，但是我也特别希望他来陪伴我，这中间产生了矛盾，如何协调？

梁永安：我觉得这不仅仅是私人领域的话题，在整个文化里，我们还是农业社会的文化，有时候还是缺少一些现代话语伦理。

男女之间，特别在爱情关系里面，要学会倾听。就是你不要急着去反弹，你要先学会倾听，倾听的时候，你很有情义地在听，这样的话他内心会流畅，他的感觉就不一样。另一方面就是加强言说，在倾听的基础上，哪些部分是可以共同来进行探讨的，互相陈述，在倾听和言说之间不停地调整。最后大家达成一个共识——既不是你的也不是我的，双方的想法在这个过程里互相扩大了。

祝羽捷：我觉得现代人很多时候是不愿意共同成长的，没有耐心，他希望是摘一个果实——你最好已经长成了"人参果"，我摘来就能用，就能品尝。他没有耐心去陪另外一个人慢慢成长，或者经历一些东西。

梁永安：爱情本身不是一个存量的概念，不是看这个人什么学历，有多少能力、多少收入，它是个增量，增量部分是两个人共同创造的——能不能两个人真正创造出一个新的东西，在时间里不停地有一种新的发现。所以谈恋爱谈了半天就是创造一个未来，不是说原来有多少，现在好多人是看你原来拥有多少，这是很大的误区。

伊登：在一段关系中你怎么去判断是这个人不对，还是说你相处的方式出现了问题？如果一个人每一次谈恋爱最后都搞砸了，他就会怀疑自己，是不是自己哪里有问题。

梁永安：如果一个人反复失败，可能自己也需要考虑一下。但有的时候真的是遇不上，因为在我们的一生中，两个人能相遇的空间或时间是有限的。我认识一个女生，三十四五岁了，一直就没有遇见合适的，但是她还是很乐观，后来有一次旅行中，忽然遇到一个男人，两个人觉得特别谈得来，就结婚了。也有人一直都没有遇上，我觉得也很好。不要因为遇不到就感觉不开心，即使是一个人，也要活得开心。

还有一类人，他的心里有一个理想的爱人，但是一直没有遇上，并不是没有，在这个世界上肯定是有那个人的，只是你一辈子都没有遇上。但是你的生活，你的格调都是按照拥有这样一个爱情的格调来生活的，这样也是很好的。

我总结下来，爱情的模式有三种。一种是这个世界上大多数人的模式，找一个异性一起生活；一种是和同性一起生活；还有一种是和自己内心的这个人在一起生活。

但有时我们也需要重新认识生活，认识生命。生活有非常丰富也非常错杂的颗粒感，生活不是透明的。我们内心的情感，要像一粒种子一样，它不是固定不变的，而是跟随你的生命不断成长，等待和另外一个也在成长的人相遇。

伊登：之前有一部电影叫《爱情神话》，梁老师看了吗？

梁永安：我看了两遍了。这个电影是非常好的，它是属于未来的电影。它反映了一种现象：在中国人中产化之后，衣食温饱的问题解决之后，我们的情感生活也在发生变化。

以前我们的爱情大多和生存联系在一起，现在表面上现代化了，但实际上我们追求的房子、汽车，它们虽然更奢侈，但在一个更高的要求里，还是属于生存的必需品。而老白是不为这些发愁的，他和电影里的其他几个人都有这个特点。

在结尾的时候，尽管有一点美国电影式的那种安慰，但实际上这里面还包含了某种朴素的东西。李小姐和另外两个女性对比起来最大的不同是，她离了婚，还在靠自己的辛勤劳动去打拼生活。其实李小姐身上有很多老白相对来说没有的部分，她为了维持在上海的这么一个基本的形象，高跟鞋要买那么贵的，特别不容易。所以老白最后才能感受到，他真的会爱她，她是不一样的，她有一种内核，有一种性格里的韧性，这是老白自己从小没有生长出来的。表面上看这是一个上海中产生活里的形形色色的情感流动故事，但实际上里面还是有很深的思考——我们到底靠什么去获得爱情。

学习分离

伊登： 现在离婚已经是一个越来越普遍的现象了，如何面对分手，如何处理好离婚后的新情感其实是我们这代人面临的一个新的课题。现在有很多人是单身妈妈或者是离婚后又重组了家庭，像这样一个群体，大家该如何面对自己的情感问题？

梁永安： 我觉得这不是个坏事，我们的婚姻法其实有两个自由：一个是结婚自由，一个是离婚自由。拥有离婚自由可能比拥有结婚自由还重要。

因为我们今天不是神圣的时代，神圣的时代可能有一种对命运的承担感，一旦结了婚，就要一辈子为之付出。今天我们是个世俗化时代，它要落实在人的生活愿望上。比如说你出生在山村，跑到县城里，后来又跑到地级市，又跑到省城，又跑到大城市，你不断地扩大自己的生活经验，不断看到新的世界，这时候你自己内心深处的那种感情，在真实地变化着。所以以往我们说一个人哪怕你变了，你也要坚守初心，但今天就不是这样了，他有自己的生活权利。

我觉得爱情是非理性的，但分手应该是理性的。可以作一个这样的判断，对方是个好人还是个坏人。如果说他是个好人，他要分手肯定是觉得这样过下去，他一辈子就失去了全部的自己后面可能拥有的生活。这个世界归根到底是你要自己承担的，而不是你结了婚，对方就要负担你的一辈子。

有时候很多人在分手时太感性，但后面他慢慢也能冷静下来，过上一两年或许他也能理解很多东西。在分开这个事情上一定要有高度的自我尊重，就是我用什么方式去表达我现在的感受，以一种什么样的有尊严的方式。

祝羽捷：我觉得很多人不能接受分手有一个很重要的原因，他认为对方提了分手是对自己的否定。但如果你有高度的自我尊重，你会意识到他只是和我在这个关系里面，我们两个要分道扬镳了，不代表我就是不够优秀，或者我是一个坏人，这里不存在自我否定。

两个人分手可能有各式各样的原因，不一定是对你有恨意，对你完全否定，也可能是他自己，比如说他觉得自己的状态不好，他没有准备好，有各种原因，还是应该尊重对方的选择。

伊登：你们觉得分手之后还可以做朋友吗？

梁永安：我认为是可以的。生命其实是可以自我理解的，你往前走一走，再回头看自己走过的路，一下子理解多了，又走了一段，再往回看这一段又理解多了。对感情来说，有时两个人当年可能都没意识到，但实际上后面才发现其实还是非常美好的。如果是两个都在成长中的人，会觉得对方给了自己很多成长的机会。

比如说你谈过五个男朋友，第一个喜欢足球，你原来对足球一点也不感兴趣，后来因为这个前男友就会对足球产生兴趣；第二个喜欢音乐，然后又遇上一个喜欢美术的，这样谈恋爱就会让你的世界变得越来越宽，而不是越来越窄。如果另一个人把你束缚在一个很小的空间里，那这样的关系是不健康的。

前几年我去我原来在云南高黎贡山怒江边插队劳动的地方，当地傣族寨子里的老乡告诉我一个故事：有三个人每年来这里两次，一次是春节，一次是火把节，都是那个村子最热闹的时候。我问是哪三个人，他们说其中的两个人原来是一对夫妻，后来他们总是吵架就离婚了，但是这对以前的夫妻总是一起来。那还有一个人是谁呢？是这个妻子的现任老公，每年这三个人都会一起过来。这个我也觉得蛮佩服的，他们可以这么和谐。

他们肯定是活得比较有质量的人，他们的世界才不会只有感情这一个内容，一定是有一个分手了还是可以再做朋友的良性的关系。

伊登：对，而且要三个人都是这样的想法才行，都是很纯粹的人。

我觉得大家学会了怎么去面对分离，可能会更加勇敢地开始。而且我听完了以后就觉得分手分得好也是一件挺温暖的事情。

梁永安：对，有时分手后才是走到自己真正的路上。

成

长

篇

情爱上升的结果之一，
是与所爱之人共同创造

很长时间以来，我都只对在感情中始终处在"寻找"状态的人感兴趣，比如独身，比如离异，比如不停谈恋爱又分手。就像今敏在《千年女优》中塑造的形象，音乐声响起，女人满怀憧憬地奔跑，有时甚至搞不清往哪个方向跑，但只要还在寻找，她就像一股带着势能的流水，充满了生机。一旦找到了，能量停止了，变成了一潭静止的湖水，就一眼看到底，没有深究的欲望了。

对于那些看上去幸福美满的情侣和婚姻，我总是提不起劲来，甚至有一种不可与外人道的念头，想要去探究他们美满表象下面的真实生活。我总觉得，再完美的亲密关系都是有破绽的。

在写这本书的过程中，我采访了两对伴侣：一对是少年夫妻，至今相伴二十余年，经历过打破自身的磨合；一对是新婚夫妻，他们通过网络这个现代社会的产物认识，正带着憧憬从起点出发。

无论通过怎样的方式认识，和一个人的相恋过程，哪怕是再契合的两个人，都需要打破自己身上的很多我执，和对方咬合在一起，磨成合拍的齿轮。这个过程，和爱情有关，也和每个人的生命成长有关。到最后，爱情成为生命的一部分，你很难将它择出去。

这一年的思考让我深信不疑：与一个人走到亲密关系的深处，并非是无趣的一潭死水，越往下走，越惊心动魄，就像洞潜，表面平静，内里幽暗，游过人心和世事的暗礁，潜到最深处，才可抵达形神相交的境界。相比之下，遇上那个合适的人，只是风平浪静的第一步。

对现代人来说，是不是要和另一个人走到那样深的深处，是一种选择吧。它意味着需要付出无限的包容和妥协，需要一次又一次地在矛盾和争吵后，甚至在爱意消磨之后，仍然愿意以巨大的耐心和善意去面对对方。很多人放弃了这条路，这无可指责，毕竟这世界上有太多不需要妥协就可以看到的壮丽景象。

　　但走到最深处的瑰丽风景，仿佛是一个接近神性的传说。它曾经在这个世界存在过，唯有相信它存在，才有可能去抵达。

> 如果没有对方，我还是会照常上班，下班，下了班之后去说脱口秀，我还是会每天去见客户，每天去看店。我只是会很没有精神，生命中那种叫作意义的东西没有了。

——米周

Tutti／米周

我和豆友结婚了

男青年米周：35 岁，吉林人，留学法国，2014 年来沪，外企工程师，业余播客主播。

女青年Tutti（图蒂）：30 岁，河南人，留学西班牙，2019 年来沪，国企建筑师，摇摆舞爱好者。

我和豆友结婚了

在豆瓣，有一系列很火爆的话题，"我和豆友恋爱了""我和豆友结婚了""我和豆友离婚了"……因为豆瓣相识相恋的男女青年，把这里戏称为"豆瓣百合网"。在这里认识的情侣，大多基于共同的志趣、相近的品位，这是爱情产生的良好土壤。如果把他们的故事拍成电影，或许是《花束般的恋爱》，如果用梁永安老师的话说，就是"一个精神人口遇见了另一个精神人口"。

米周和Tutti的相识和相爱，就是其中的一个故事。

2013年，在法国学习能源动力的米周毕业回国，几经辗转，最后南下珠海，投奔朋友，在一家民营工厂打工。打工生涯并不长，只有三个月，他带着一种旁观者的心态在"豆瓣阅读"上连载这三个月的所见所闻，意外地获得了很多读者。2014年，这本关于南下打工记录的实体书出版。

结束短暂的工厂打工生涯后，米周回到上海，进入大厂，成为一名飞机制造工程师，实现了曾经是他人生中最大的梦想。

他说：我在找到自己终于想做的事情之后，梦想却破灭了——然后怎么办呢？

答案很简单：再找一个梦想。

如果一下子找不到呢？

那就做好手头的事情。

然后呢?

然后好事自然就随之而来了。

就这样,米周一边作为飞机制造师做着稳定的工作,一边写作、组乐队、听爵士,像一个细腻而丰富的文艺青年那样生活着。"感情的关键不在于如何开始,而在于如何结束",带着这样的认知,他谈着长长短短的恋爱,好事仿佛随时会到来却又好像总也不来。

与此同时,2016年,在上海读建筑设计的Tutti毕业了,考研失利,未来难辨,带着本科五年做过的所有设计、三本日记、若干画册,离开了校园。因为内心的焦虑和离别的情绪,生活变成了一摊沼泽。在无数个无法对外言说的时刻,她用漫画画下当时的感受。这一年,对外她毫无头绪,对内却关照到了每一个细微的情绪。

随后的一年,她如愿考上心仪的研究生专业,并参加了学校与西班牙的合作项目,前往西班牙生活了一年。在西班牙,她画画,跳舞,摄影,聚会,生活。

2019年,即将回国完成学业的Tutti再次陷入迷茫,她开始犹豫是进入建筑行业,还是从事她本心更喜欢的新媒体行业。

10月,刚刚从法国出差回来的米周正在倒时差,他漫不经心地翻着豆瓣，看到首页推送了一个女孩跳舞的视频，那是正在西班牙学习的Tutti。

他总是会被跳舞的女生吸引，一条一条地翻看她的广播，她创作的漫画，她毫无目的写下的絮语，他关注了她，给她发了私信问好。

那一晚，即便是吃了褪黑素也无法抗拒失眠的Tutti看到了米周的问好，她回关了米周。两条时间线从此刻开始有了交集。

也许是夜晚让意志比较薄弱，Tutti开始向网上这位陌生的，看上去"社会经验丰富"的"前辈"诉说自己的焦虑，而米周有一种迅速让人放松的能力。

他们就这样认识了，在网上聊了一阵子，等到Tutti回上海，就约了线下见面。

当时米周和朋友做了一个乐队，在上海的livehouse（小型现场音乐厅）演出，Tutti来看他的表演。那一次演出之后，Tutti给米周发了一条消息，"我觉得，你在这个乐队里并不是很开心"。米周开始不是很服气，他觉得自己在乐队玩得挺开心的啊，但是后来他真的离开了乐队。他觉得Tutti是个很不同的女孩子，她说的话很多在后来都被证明是对的。

而让Tutti下定决心和米周在一起的那个瞬间，是在他们认识的三个月后。那天是 Tutti 的生日，米周请她到家里吃火锅，音乐和气氛都很好，米周开始即兴跳舞，那是她没有见过的米周。那一天她在日记里写："今天真好，是近年来终于不知不觉拥有的，那种不愿声张的，平静而有力量的感觉。"

在遇到 Tutti 之前，米周在一次又一次的恋爱经验中，逐渐了解了自己是一个怎样的人。"我是一个很害怕孤独的人。"他这样说。他确定他的人生必须要找到相爱的人，与爱人一起度过。

每一次恋爱对他而言，都是一次学习的过程。"我想知道如何去爱一个人，我想知道如何去处理一段亲密关系，我觉得这种能力其实和算一道微积分的题，或者做一个英文的完形填空，本质上相差不大，都是一个需要练习的能力。只是微积分和完形填空都是有人会教我们的，它有一套学习体系，但是'爱'这件事没有人会教你，可能大部分人的父母自己都没有搞清楚。一个自己都不会'微积分'的人怎么去教你呢？你除了自己去练习，去学习，没有别的方法。"

当他第一次见到 Tutti 的时候，马上就意识到这是适合他的另一半。虽然他对另一半没有非常明确的标准，但是当他看到她，听到她和他有很多观点一致的地方，看到她身上有很多他欣赏的品质，他几乎立刻就确认了这一点。

恋爱的进程是牢牢掌握在米周的手里的，就像 Tutti 所说，她遇见米周的时候，他似乎处在一种时刻准备好结婚的阶段，只是在等那个合适的人出现。他虽然看上去没有特别着急，但是却算准了恋爱进程中的每一个重要节点，毫不犹豫地带着 Tutti 一起跨过去。

恋爱了一年，他们进入了同居的阶段。

对于从小在家庭关系黏稠的环境中长大的米周来说，同居生活是符合他的期望的，这是通往家庭生活的必经之路。但对于从小过着自由、独立生活的 Tutti 来说，需要做出巨大的心理调适。

在认识米周之前，她一直带着一种与人的疏离感在生活。也许是因为小时候父母在外做生意，陪伴她的时间很少，对她的约束也很少，她基本是独自长大。上学期间，她有自己的好朋友，但是和好朋友之间，距离感仍然存在。她总是在试图思考"人生意义"这类的事情，也很早就意识到，独处是她最舒服的状态。

当米周提出"同居"的建议时，Tutti 犹豫了很久。她觉得自己的独立被"破坏"了，身边有一个人时刻需要她的回应，时刻要分走她的精力。米周在这件事上坚定不移，他说如果两个人以后结婚了，难道你要和我分开住吗？他希望将来的家庭生活，是亲密的，休戚相关的。

Tutti最后接受了米周的建议。"后来我意识到这是我需要去解决的一个问题，这也意味着我受他的影响比较大。我和米周在一起的时候，他从来没有觉得我在干扰他，其实他也从来没有干扰我。我当时觉得，如果我能够做到和他在一起的时候，也能够像我一个人独处的状态，就是最理想的，而现在，我觉得自己已经做到了。"

现在的他们有一个两个人都非常喜欢的时刻：工作日的晚上，他们各自回到家之后，面对面做着各自的事情。米周在电脑上剪辑自己的爵士乐播客，Tutti写自己的公众号或者做其他事情，互不打扰却又互相支持。"特别是当你知道对方是在创造着一些什么时，如果对方是在打游戏，这种感觉就没有那么好了。"Tutti说。

当米周突然求婚的时候，Tutti不是没有两秒钟的犹豫，她总觉得自己在独立又充满不确定的状态中生活会更快乐一些，但她还是在人生为数不多的事项列表中标记了一个小小的钩。第二天醒来，当她意识到自己在前一天晚上做了一个重大的选择后，并没有感到一丝不适，而是充满了对身份变化的紧张期待，心想这决定错不了。

此后，他们去了东北和河南，见了双方的父母，一切关于"两家人"的事情都比她想象中的要轻松愉快很多。他们都希望了解、认识彼此的家人，在爱情中重新认识亲情，甚至重新认识自己的父母。Tutti 说，当她意识到米周和他父母都是毫无条件地对自己好的时候，那种"可以结婚"的想法逐渐明确。

他们平静的生活进入到 2022 年，因为新冠肺炎疫情，发生了一段不大不小的插曲。

3 月，上海进入了静默管理期。他们所居住的楼栋是一个一层有 8 户人家，一栋楼有近 400 人的大楼，因为有人感染新冠无法及时就医，再加上缺乏生活物资，业主经常在楼栋群里吵架，人们每天都生活在极度混乱和压抑的情绪中。作为志愿者的 Tutti 无法忍受这样的局面，她想要改变一些什么。她先是拉了一个小群，保证每层楼都有志愿者加入，同时主动承担了和居委沟通的工作。到了后来，随着居委会的工作人员逐个生病，整个居委会陷入了瘫痪状态，Tutti 身上的实际工作越来越多，她成为整栋楼事实上的"楼长"。

说起这段经历，米周对 Tutti 充满了敬意，这是他第一次对 Tutti 产生这样的情感。"确实给我非常大的震撼，我之前完全没有想到，她身上是有这一面的。我跟她在一起之前，包括在一起之后，都没有对她有这种期待。"

原本在和 Tutti 的关系中，米周觉得自己比 Tutti 年长，社会经验又丰富，所以是主导者，但是这一次，他心甘情愿成为那个支持者。他总是暗暗为 Tutti 骄傲，在这栋生活着几百号人的大楼里，她那么年轻，她甚至搬过来才一年多，但她是危难中那个最有担当的人。

整栋楼的邻居都认识了 Tutti，有支持的，也有在群里反对，说风凉话的。每到这个时候，时刻暗中观察的米周就会挺身而出，替 Tutti 挡回去，这是他能够支持 Tutti 的方式。

到了 4 月 16 日——这是原本他们计划举办婚礼的日子—— Tutti 和米周穿着防护服，戴着面罩，照常在做志愿者的工作。那一天，他们跟着医生去给大家扫码。做完这些，和他们相熟的志愿者得知本来那天他们要举行婚礼，就给穿着防护服的他俩在楼下照了一张合影。

回到家里，米周说，婚礼不能举办，我们自己还是纪念一下吧。他们换掉了防护服，米周穿了西装，

Tutti 穿了一身露背的红色舞裙，牵着他们的狗狗小坦，一起上了天台。

在手机播放的爵士乐背景下，他们在天台跳摇摆舞。即使是在这样压抑的两个月中，他们也没有停止过听音乐，跳舞。

回到家中，楼道里的邻居、共同奋战过的志愿者们陆续送来了各种"结婚贺礼"：薯片、泡面、可乐……都是那段时期的"硬通货"。

两个人的"婚礼照片"发到豆瓣"我和豆友结婚了"这个话题下面，很快就"爆"了，随之而来的是各个媒体的采访，"大概是因为那段时间好消息真的太少了，大家每天在网上看到的都是负面新闻，需要有一些给人希望的故事"。米周这样说。在所有的报道中，Tutti 都是主角，而他甘愿成为陪衬的"天台新郎"。

成为一棵枝叶繁茂的树

Tutti 在毕业后，最终选择了与专业对口的建筑行业，她进入一家国企规划所工作。伴随着"楼长"生涯和职业上的成长，Tutti 果敢、勇于决断的那一面逐渐显露出来，这其实是她从小就拥有的品质。她总是希望快速抵达本质。作为一个建筑设计师，她长期接受的训练是抓住事情的主干，她需要将别人模棱两可的想法变成一个确实可行的决策，她是需要帮助别人做决定的那个人。

而米周的工作更加偏销售型，他需要变着法告诉客户他的产品有多好，以此说服他人做决定。米周有一个很多人不具备的特质，他能够在陌生人中泰然自若。他出生在东北吉林，小学六年的时间，爸爸在另一个城市工作，只有每个周末才会回家，平时他和妈妈相伴。大部分时间，他都由女性养育者抚养长大，或许是因为这个原因，米周比一般的男性具有更细腻的感受。

他也常常感到困惑，为什么他做了那么多次活动，参加了那么多表演，来参加和观看的大多是女性，男性究竟去哪里了？作为男性，他自己也想不出答案，但是他深深觉得这个时代的女性，已经走向越来越自由和开阔的地带。

在米周和 Tutti 共同长成的这棵树上，米周仿佛是那个更能感受到枝枝叶叶的人。在人生的前三十年里，他总是在不停地尝试，不停地寻找，想找到自己擅长的领域。

Tutti 说，以前她是一个过于透过现象看本质的人，一旦看清事物的本质，就会觉得这件事索然无味。现在她正在学习享受事情的过程，一棵树只有长出了枝叶，才会具有更加丰富的美感。

Tutti 是在米周的影响下喜欢上摇摆舞的。

有一年米周在英国玩的时候，在利物浦的一个广场上，看到大家在一起跳一种社交舞，舞蹈的音乐是爵士乐，这种舞蹈俏皮、明快，就是摇摆舞。摇摆舞的英文是 swing dance，它是所有跟着摇摆爵士乐（swing jazz）来舞蹈的形式的统称。它发源于 20 世纪 20 年代至 50 年代的美国东海岸，随着爵士乐的流行，成为当时最流行的舞蹈形式。了解到摇摆舞之后，米周就自己找地方去学习，回国之后，也会参加摇摆舞社交舞会。

Tutti 则是从三岁就开始跳舞，她更喜欢现代舞。Tutti 最先看到米周和朋友们跳摇摆舞的时候，有一点偏见，觉得摇摆舞是"出于社交目的的身体表达，有着刻板老套的教学方法，低门槛，高限制，所谓的文明礼仪，不过是自诩精英的人们的想法"。但她还是跟着米周去参加了摇摆舞的课程。一般初学者从第一级开始上，Tutti 看了一会儿说我从第二级开始上吧，第二级只上了两节课，后来就再也没有参加过课程，她开始自己琢磨如何跳。

摇摆舞看着很简单，但要跳好需要舞蹈者有很好的身体素质和临场反应，甚至对舞者的性格都有要求。爵士乐即兴快乐的属性决定了摇摆舞的调性如同一口烈酒后上了头，只要彼此都进入了音乐，就开始了一场和身边人一首歌的恋爱。与其说是在跳舞，不如说是去寻找一种音乐中的短暂释放。

一直沉浸在自己舞蹈中的 Tutti 刚开始参加舞会的时候，感到格格不入，很不自在，但是她想走出自己跳舞、社交的舒适圈，心想也许有些事情可以只为了感官的欢愉，不必去思考太多意义。在强迫自己参加了几次舞会之后，她已经足够舒适、松弛。在她的生日舞会上，她依次与每一个来参加舞会的朋友跳舞，毫不羞涩，纵情愉悦。

在她的个人账号上，有很多跳舞的视频，米周用手机放一支爵士乐，Tutti 跟随节奏开始摇摆，看似漫不经心，渐渐释放出能量。她在海边，踩在海水里跳舞；在高原的山道间跳舞；在天台的落日前跳舞；在夜晚喝完酒之后归家的小巷里跳舞；在自己的婚礼上跳舞；在工作日的午休时跳舞……只要音乐声一响起，她就可以随时起舞。

摇摆舞对 Tutti 的改变是巨大的，她逐渐打开自己，从一个不擅长与人沟通的人，变成一个可以尽情享受社交的人。她的朋友圈也因为摇摆舞产生了巨大的变化。

学习摇摆舞一年多，她已经成为摇摆舞兼职教练；两年多的时候，她组了自己的社群，去传播和教学摇摆舞。在做了几年国企规划所的建筑设计师后，她仍然时刻在怀疑着自己的选择。这并不是最适合她也不是她最喜欢的行业，她为行业的下滑和个人能力的局限感到迷茫，曾在很多个关了灯的夜晚抱着米周哭，为自己未来到底能活成什么样子感到畏惧；也曾在很多个喝酒聊天的晚上，摔着桌子说明天就要裸辞当一个彻头彻尾的自由人，又在第二天恢复理性。但无论如何，有一点她和米周是一样的，他们不愿意把所有的时间都消耗在工作上，只要下了班，就会在自己感兴趣的事物上投入热情。

她仍然像年少时一样，总是不停思考。她一直觉得自己是一个以个人为中心的人，所有的人生选择一定是将自己的需求放在第一位，但是在认识米周之后，她发现两个人的状态并没有影响自己的生活，她并没有面对需要选择或牺牲的局面。她从体内生出了一种自信，这种自信来自另一个人无条件的包容和支持。

对她来说，遇见米周是一个幸运还是一种必然呢？

如果那天晚上她没有失眠，他们还会不会有认识的机会？可能他们还是会认识，但不会像当时一样，有一个敞开心扉的契机，她有时会这样想。

他们并不是没有分歧，即使是细腻如米周，也经常会有说教的时候。当Tutti向米周诉说自己情绪的时候，米周总会不请自来地给予意见。Tutti为了搞清楚他这算不算"爹味"问了身边的朋友，最后发现，每个人的尺度是不同的，有些人可以接受，而她的个性决定了，她会对此特别敏感，她的红线比其他人更高。他们用了四年的时间去磨合这个尺度，在米周逐渐收敛自己给Tutti提意见的习惯时，Tutti也在慢慢调整自己的标准，去接受米周的好意。

对米周来说，生活中的分歧主要来源于日常家务的分工。在他和前女友们的相处过程中，经常为了在家吃饭还是出去吃饭，谁做饭谁洗碗这种事争执——看上去是一些小事，放在日复一日的生活中就是大事。米周时常会和对方计较，为什么我做了饭，你不能洗碗？但在和Tutti的相处中，他慢慢放下了这种情绪，因为他能感受到Tutti看得到家里有很多事情要做，也愿意主动去做。"就像屋子里的大象，你能看到大象，我也能看到大象，这件事就很好解决了。"

　　柏拉图在《会饮篇》里写道，情爱上升的结果之一，是产生一种与所爱之人共同创造的欲望。

　　他们共同做了一档谈话类的播客节目，内容非常日常，几乎就是他们两个人共同总结生活中发生的大事小情。大事比如说讲述了一个出生在吉林、在法国留学的男青年，和一个在河南出生、在西班牙留学的女青年，在上海相识相恋后，如何用现代化项目管理的思路去操盘彩礼、提亲、办婚礼等传统文化活动；小事比如说他们去上海郊外度周末，星空下，在稻田环绕，蛙声一片的小木屋里讲述提升婚姻幸福感的小事，例如短途旅行（注意一定是"短途"，因为长途旅行需要计划部署，周密复杂，而短途旅行往往是兴之所至，可以打破常规）。但其实，一对夫妻，每个星期能够抽一个小时出来，心无旁骛地在一起聊天，这本身就是一件可以提升婚姻幸福感的事。

　　"本来我们想录一些两性话题中比较有意思的话题，可以对别人产生一些价值的。但是后来我们发现它其实是一个类似生命日记的东西，是伴随着我们的感情不断在往前走的。即使它对听众来说不产生任何意义，也是我们两个人之间感情的记录。"米周说，"我想以后我们的孩子在听了这些内容之后，或许也会感兴趣他的爸爸妈妈当时是怎么认识的，他们的感情经历是怎样的，这对我们这个小小的家来说也是有意义的。"

在米周的心中，家庭的愿景里是自然而然会有孩子的，在他 35 岁的年龄，他强烈地想拥有自己的孩子。然而这却是 Tutti 没有思考清楚的新课题，尽管她信任米周，但她不清楚有了孩子之后，生活会变成什么样子。她在成为母亲这件事上踟蹰不前，以至于她不停地向生了孩子的朋友打听，生孩子对女性而言，究竟意味着什么。

"你现在还能想象没有对方的生活吗？"最后我问米周。

他想了一会，说，"我觉得对我来说，日常生活可能不会发生太大的变化，我还是会照常上班，下班，下了班之后去说脱口秀，我还是会每天去见客户，每天去看店。我只是会很没有精神，生命中那种叫作意义的东西没有了。"

● ● *"爱情"这个词对我来说一直很空，它其实是西方的一个词，我一直也不知道它描述的究竟是什么。后来我觉得，东方文化里对这种感情的描述我更加能够理解。它包含了一种情义的成分，恋爱后结成夫妇，就有夫妇之义。*

——宽宽

宽宽

走到亲密关系最深处，
是一种选择

生完孩子后我辞职了，自己做了一个传授传统手工艺的课堂，在那期间，我认识了宽宽。

那是 2014 年，经济活跃，大家对未来很乐观，也愿意花钱到我的手艺课堂来学一些无用的本领。比如国庆假期，在我的小院里，十几个女生哪里也不去，每天状如女工，卖力地捣被石灰水浸过的构树皮，捣得稀烂，捣到变成纸浆，再在院子里随手摘一些花草，或者找一些纤维，混在纸浆里，抄成一张有手工颗粒感的纸。

宽宽当时和友人一起创办了一个关于生活方式的公众号，采访了很多手艺人。据说很多长期看这个公众号的读者最后都辞职了，因为发现眼下费尽心力获得的生活不值得一过。

2016 年，宽宽和先生卖了在北京的房子，举家搬迁，连根拔起，移居大理。这在当时是一件非常打破常规的事情。她在公众号上发表的文章《我卖了北京的房子移居大理后……》迅速在网上被转发上百万次，她后来也以此为起点，出版了第一本书。

几年后，我关掉不再赚钱的手艺课堂，接手了宽宽的职位，成为主编，回到了我最舒服的写作的状态。几年中，我和宽宽其实很少交流，她在大理，也回到了她习惯的离群索居中（算算时间，那时她应该正在学中医）。一直到2023 年的春节，我去大理，在宽宽家中见面，才补上了这几年她的经历。

她绝不是因为想"躺平"才去的大理，相反，去大理，是她整个家庭最激进的一次"进"。这几年她做了很多事：写了三本书，开了两间咖啡馆，盖了一栋民宿，甚至因为长年学习中医继承了老师的衣钵，在大理开堂问诊，有了跟随多年的病人。

这些年我也观察同时代的媒体人，看命运把我们带向何方。活跃在1990—2000年初的媒体人，算是同龄人中优秀的那一批，选择媒体行业大多依仗初心。十几年来如果有人仍然坚持写作，多半靠的不是天赋，不是运气，而是一种选择——很多人不继续写了，是因为不想写了。从世俗层面上说，靠写作为生是回报很低的一种，大概率终生过得清贫，但是写作让人对世界，对人生和人心得以了解，极大地拓宽了有限的生命，这是对写作者的奖励。

媒体人的结局大多有两类：一类长袖善舞，擅长资源整合，靠巧劲赚到钱；一类终日苦哈哈，靠出卖时间和体力，最后还没有赚到钱。在这两者的参照下，宽宽是我最想成为的那一种。

她有足够的智慧，想入世时做一样成一样，挣够了家底，不为钱财所苦；她又有足够的定力，想出世时便无望于外，扎根于自己的领域，日渐精进。

在亲密关系上，她和从17岁相识的校园恋人相伴至今。在我所看到的各种婚姻模式中，有一种是我觉得质量最高，也是最稳定的模式：这个家里的女人灵性极高，宛如船长，这艘家庭之舟往哪里开，宿在哪里，过怎样的生活，大多由女人来决定；男人是战士，具有极强的执行力，做事果断，冲锋陷阵。这样的模式对女人和男人的要求都很高，女人如果灵性不够，无法引领家庭之舟，男人也不会听从女人；男人如果战斗力不强，也无法获得家庭必需的资源；同时要求男人全心全意地信任女人。男人是船长，女人是战士，在现有社会下很难实现。如果男人既是船长又是战士，女人会变成附属，丧失话语权。如果男人和女人都各是船长和战士，双方都极有目标也有战斗力，很可能因为方向不一致而走散。

宽宽的家庭模式仿佛印证了我的想法。

但我和别人有同样的好奇，一见钟情的爱，究竟爱的是什么？一见钟情的爱，在二十年的漫长岁月中真的不会消退吗？

在宽宽大理的家中，我慢慢和她聊这些疑问。宽宽的家位于大理"新移民"最常选择的小区，客厅宽敞整洁，一整排书架，几扇洁净的落地窗，透出窗外开得绚烂的冬樱花。聊完之后，她说已经很久没有人和她聊"爱情"了呀。

一见钟情的爱为什么能维系二十年?

伊登: 你和你先生是大学情侣, 当时 21 岁的他追求 17 岁刚刚进校的你, 整整一年, 开始你准备去德国留学, 后来还是被他打动, 答应试一试。那你同意试一试的原因是什么?

宽宽: 能说得出来的原因就是这个人很真诚, 身上有一些很好的品质, 会想要和他开始发展。不过感情只是其中的一个部分, 我心里并不确定是不是有这个部分, 但至少是想和这个人发展出一种关系, 这是我愿意的。

其实还有说不出来的原因。这两年我做中医接诊, 看了很多病人, 其中有一些抑郁症的患者, 我发现如果他还能控制自我, 就会想要接近有生机的东西, 这是生命的自救。再回过头看, 其实刚上大学的时候, 我处在一种抑郁的状态。当时我被调剂到一所财经类院校的中文专业, 刚好集中了两个我都不喜欢的点, 加上家中出现一些状况, 无法复读, 心情很低落。但是我当时不懂这些, 就只能压抑自己, 想要出国也是因为想逃离当时的环境。我的身体变化也很大, 因为内分泌失调。而我先生非常阳光, 自由, 很爱运动, 我觉得当时, 他就是我本能想要接近的有生机的东西。

伊登：他是会让你第一眼就喜欢的人，还是在长久的相处中，你对他产生了越来越深的情感？

宽宽：其实还是有一见钟情的感觉。

我本身是一个特别感性的人，直觉是我认识世界的最主要的方式。但是在那个年龄，我又强迫自己用理性去归置自己，每当有过于澎湃的情绪出来的时候，我就会把它压制住。我当时没有办法理解"一见钟情"这件事，我只会评价说我现在不适合谈恋爱。

但是我们那个时候写了很多书信，我的第三本书写的是我们俩的故事，我在写书稿的时候回头再去想，发现当时见面的过程以及我对我先生的第一印象，每一个细节我都记得，没有损失掉一点像素。

伊登：你先生曾经说，"我从未试过这么喜欢一个人，以后也不会了"。这二十多年，他的确做到了。那么，他为什么这么喜欢你呢？

宽宽：说这个就特别不好意思了。我觉得我当时特别不接地气，可能他就喜欢这种不太俗气的人，喜欢没有市井气的人。这个问题我也和他聊过，他说感觉我这个人随时会飘走，我们俩在一起的前面几年，对他来说就是一种抓不住的感觉。

伊登：你当时一定很好看（依然不死心，想搞懂"一见钟情"这件事）。

宽宽：我刚进校的时候还挺好看的，大学第一年，因为内分泌失调就胖了 20 多斤，又因为内分泌失调开始发痘痘，还出水痘，反正总体上我觉得没有那么好看。

伊登：你们在相处的第一个七年里，两个人身上有很多不同点，加上大学毕业后，他在北京工作，你去上海读研究生，异地了很多年，这期间没有想过分手吗？很多大学情侣毕业后因为人生方向不同而分开。

宽宽：我是老想，我是那种一有冲突，就觉得要分手的人。一直到现在我也很怕跟人的关系进入一个很黏糊的状态，但是亲密关系哪里有不黏糊的呢，都是会纠缠在一起，所以当时对我来说，只要一段关系走向深处，我就会下意识地想要抽身出来。这对他来说是一件很恐怖的事情，他总是觉得我时不时就会要离开。前七年我又很少沟通，什么事都憋在心里，因为我总觉得这就是我自己的事情，好像和他还是两个完全独立的个体，没有想过咬合纠缠的那部分，这些我都不会。

于是这期间他想了很多办法，他就老给我写信，写了信还一定要我回信，每次我们俩写信都是"赵君""龙君"这样开头，特别老派。这种靠写来表达的方式，是我比较舒服也比较擅长的，我觉得这是一开始我们解决问题的一个比较好的办法。

还有就是那些年他无底线的包容。他非常稳定，我开始的时候就像一块冰，是他把我焐热了。我觉得像我这样一个特别不会维持亲密关系的人，能够走这么多年，是因为他在关系中植入了情义。虽然我不在乎亲密关系，但我希望做一个有情有义的人，所以我一直对他很感恩。比如他帮我从一个抑郁的状态走出来，等待我社会化，持续地给我这个世界善意的部分，对于我来说，都让我成长为一个能够应对很多事情的人，这是一个人打底的能量。我的父母没有给我这些，他们互相很紧密，但是和孩子很疏离，我的家庭整体氛围是宽松友好的，但是对我的情绪引导、认知感情的部分就很粗放。

所以我觉得，在开始的那些年，他是把我又养了一遍。

伊登：后来你可以理解他身上的社会化了吗？

宽宽：从我后来读研、进入社会之后我就理解了，我其实一直在学习这些部分，试图让自己有更多和社会联系的触角。从我开始学习的时候，我就对他的这个部分没有评判了。

我以前很怕有"文艺"这种标签，因为觉得太文艺的人会过不好，我很想经营好自己的现实生活，所以20多岁刚毕业的时候，做过很多看上去很世俗的事情。

研究生毕业之后，我开始做杂志编辑，工作量非常大。当时我已经开始尝试融入社会，做媒体，交了很多朋友，甚至为了更好地做采访制订了一个"随机采访30个陌生人"的计划，经常在下班后或者周末，徘徊在公司楼下的咖啡馆，找那些看上去没那么忙的人，进行毫无准备的深度访谈。

之后从媒体辞职和朋友做了一家做品牌全案的公关公司。忙的时候一天一夜奔波四个城市，连续几天只睡几个小时，戴着对讲机指挥现场几十号人，完成上千人聚集的活动。

而我读研究生的时候，我先生已经进入社会。他大四下学期顺利通过北京一家石油化工类国有企业的招聘。那是他参加的第一个招聘会，投的第一个公司，通过了，就签了合同。那时我很惊讶他的选择，他不会过多思考或抉择不定，凡事只要有一样是他认准的，他就会定下来。这后来也影响了我做事的态度。

因为做事勤勉认真，他从人力资源部调入总经理办公室，再成为机要部门负责人，一路往上升。

那段时间是我们俩都非常忙碌的状态，通电话的时候，第一句都要问"你在哪个城市"，甚至"你在哪个国家"。我们的家底大部分是从那个时候攒下来的，慢慢从郊区换到市区，从两居换成三居。

一个体制内的人为什么能做这样的决定？

伊登： 那为什么能下定决心卖掉北京的房子，连根拔起，举家搬迁到大理呢？你，我还能理解，毕竟"自由"一直是你的追求，你先生怎么能够下定那么大的决心？

宽宽： 20 多岁到 30 多岁这十多年，是我们事业上升特别迅猛的时期。对我这种一直要向内走的人，其实内在感到了极大的不舒适，因为内心是被世俗和社会化的东西极度挤压的，这样的生活过了十多年，就已经到了一个临界点，到了一个我觉得再挤压，我的自我就会消失，再也没有机会生长的地步。所以那些年我一直不停地追问我们现在的生活有什么意义，然后我们看了电影《革命之路》，我觉得如果再继续原来的生活，可能我们的后半辈子就要一直那样过下去了。

对他来说，他的世界和习惯的生活其实就是那样的，但是我不停地发出拷问，我又在他的人生中占有很大的分量，所以他相信我们当时看上去不错的生活，对我来说是不够好或者说是有问题的。于是我们开始商量，要不我们做到 40 岁退休，这在他所处的系统来说，已经是一个非常突破的想法了。因为他们大多考虑的，是 60 岁可以在什么部级的职位退休，可以拿什么样的待遇。

当我们有了这样的想法后，就开始利用假期去各个城市，我们看过大理，也看过杭州，看过珠海。在 2013 年的时候，我们就已经看过大理，所以那颗种子其实早就已经埋下了。

我完全可以抛掉外在的模具的时候，是我生完孩子之后。在我怀孕三个多月的时候，我的内心已经逐渐在和公司剥离，但是作为一个职业化的人，和一个讲情义、有责任感的人，你是很难完全抽身的，工作的惯性会一直推动你往前走。到了年底，我做了一个决绝的决定。当时我收到了客户的短信，客户告诉我预算的上限是多少，让我出方案。那个回复我迟迟发不出去，最后回复他由于个人原因，我无法再参与这个项目，但是我会让我们团队的客户总监来跟。我将他的短信转发给了客户总监，让她全力以赴去争取，无论结果如何都不需要再告诉我。

在完成公司事务的交接后，我换掉了自己的微信号，给自己创造了一种社会性死亡。

我觉得当时之所以能够下那样的决定，是因为我怀了新的生命，它给了我一种强大的重新成长的力量。

在做完这些事情之后，到了孕中期，我就成为一个没有任何社会身份的人，完全往内走的一个状态。

2015年的冬天，北京的雾霾日渐严重，我每天都看着雾霾指数决定要不要带孩子出门，先生的鼻炎也越来越严重。在日复一日抱着女儿隔着窗户往楼下看的过程中，我内心烦躁到了极点，于是定了去大理的机票，我觉得必须带着女儿离开几天。

我一直希望过一种经过审视和选择的人生。只在那里住了十来天，我就已经理清了自己究竟需要怎样的生活。我很快在大理租了一套小公寓，租约签了一年。到了元旦，先生到大理来和我们一起小住，晚上孩子睡了，我们两个就关了灯，商量我们接下来的计划。

当时我们面临三个选择。一是我和女儿在大理住一阵子就回北京，就当度了个假；二是他辞职离开北京，和我们一起；三是我带着女儿在大理生活，他在北京赚钱养家，这也是当时很多大理家庭的模式。

他说他的底线是，不能两地生活，而他想过的生活，是属于自己的时间多一些，稍微自由点，能多陪陪孩子。对现实和物质层面，他的得失心并不重。所以我们很快就决定，他辞职，我们一起在大理生活。元旦三天内，我们就看好了房子，买了下来。

我和他认识的时候，他在情绪方面已经是一个非常成熟的人，也是一个社会化程度很好的人。这么多年，我的成长是从内往外走，他的成长则是从外往内走。当我从内往外走的时候，他给了我一个基础；当他从外往内走的时候，我给了他一个引导。有一些人是害怕他们的伴侣往内走的，因为人一旦往内走，可能会舍弃掉外部的一些东西。我一直希望他能够尊重自己的感受，挖掘自己真正的潜能的部分。就像一开始他重新"养"了我一遍，后面我对他也没有任何现实的要求和束缚，比如职位、收入，我好像比他自己更敏感于他内在的部分。比如他原先的工作，我觉得某些程度上是把他异化、工具化了，但是他自己当时并不觉得，因为大家都是那样的。

伊登：整个过程没有任何的犹豫和纠结吗？

宽宽：真的没有纠结犹豫的过程。他到了大理之后，觉得这里的自然环境很好，我在这里又很开心，我觉得他也有一种向生机靠近的本能。所谓的犹豫往往出现在你新的也想要，旧的也不愿意放弃的时候。他的物欲很低，对工作最大的动力还是做事情。他之前的工作项目，有一些是帮中国在国际市场上抢占资源，会关系到家国大义，这也是他一直无法割舍的部分。刚好当时他一直跟着的非常尊敬的领导，工作岗位发生变动，再继续下去可能也会让他违背做事的初衷。儒家讲"用之则行，舍之则藏"，他觉得这个时候去过一下自己想过的生活，心里也不愧疚了。

当这些负担没有了，他就没有任何犹豫了。

决定之后，我们开始分头行动。他申请辞职，公司不放人，将他调往昆明分公司，后来又调往大理办事处，最后因为做事风格实在无法兼容，他彻底离开了。我带着孩子装修房子，同时做公众号。其间我们卖掉了在北京的房子。我们用了大概一年的时间去做这些，最后终于成了两个彻底自由的人。

移居大理之后

伊登：移居大理之后，你们的生活状态是怎样的？

主要做哪些工作？收入依靠什么呢？

宽宽：因为我们住的半山区域没有说得过去的咖啡馆，我们就租了一幢三层的店面，装修了 6 个月，开了一家咖啡馆，同时也是一个共享绘本阅读馆。装修的时候，我先生就开始学习做咖啡，转换到一个手艺人的状态。现在咖啡馆已经开了四年了，来的客人大多是居住在附近小区的"新移民"，也有很多数字游民，在咖啡馆里一坐就是一天。咖啡馆基本可以负担我们日常的生活费用。

先生从做咖啡入手，到了第三年，梳理出一套咖啡教程，从术的层面接近道的层面，开始做咖啡教学，并且在咖啡领域探索他很感兴趣的中国美学。

某一次去腾冲玩的时候，我们一冲动买下了一块地，花了四年的时候盖了一栋民宿，现在已经装修好了，等待营业。这四年经历了上百道工序，加上中间遇到新冠肺炎疫情，反反复复，不断遭遇停工，我们也磨掉了一层又一层皮。基本上做完这件事，我和他都不会再害怕跳进其他没涉足过的领域了。

写作是一直在坚持的事情，今年第三本书的书稿已经写完。每年能收到版税。

但我现在最大头的收入来源是帮中国本土的品牌做

文化升级，梳理产品的美学风格、精神内涵、传播特点等等，类似于品牌书。现在的中国本土时尚品牌，其实很多年来学习的是西方的设计语言，但因为面对的是国际品牌的竞争，最后要连接到我们自己的土壤里去。项目一般是我以前在媒体工作时结交的好朋友介绍的，我们都是一些价值观非常吻合、想为中国品牌做点事情的人。对我来说，做这样的工作也避免了纯粹的闭门造车，还是要思考传统文化的当代性如何落地，才不会变成很虚的东西。如果一样东西，概念再好，没有市场，也说明它不符合大众的需求。

除此之外，来到大理以后，2018 年我开始跟随老师学习中医。开始学习中医是因为我在进入中国美学的领域之后，发现它并不是一个单独的门类，中国原先都没有美学这个概念，它是哲学的一个分支。所以研究美学就要回到哲学的部分，中国哲学的部分就基本是儒释道这一块，需要从某个部分深入进去。我当时是从庄子进去，结合山水画，这是我的个人兴趣所在。然后进入儒学。到了老子这一块，涉及阴阳五行，这是大的一块，也是我的盲区，就在朋友的推荐下开始学习中医理论。我的老师会将我往源头上带，中医可以弥补我这一块的缺失，就像是织网一样，织着织着你发现织不上了，迫切地需要补上它。

这样开始之后，我整整学习了三年，是完全按照脱产的方式去学习。后面的两年，我跟随老师去看诊，帮她举艾条，打下手，开始接触病患。

伊登：学习和实践中医对你的影响大吗？

宽宽：非常大，可能连价值观都重塑了。

原先我作为一个单纯的写作者，我看到的世界是经过自己的筛选的，看到的就是那么一块；但是看诊，每天面对怎样的患者不是你可以挑选的，从中你会看到很多真实的人间的东西。再反哺到写作上，对写作也产生了重大的影响。

我们这一代人浸淫的都是西方的哲学，对我影响比较大的是尼采和叔本华，"所见即所得"，我们看到、听到的已经是全部了。但是中医除了看到的部分，还非常重视看不到的那部分，内在感受的那部分。回到写作上，我对语句的间隙的气感好像也和过去完全不一样了。

伊登：那以你写的三本书来说，第一本、第二本和第三本的变化是什么？

宽宽：第一本就是一个媒体人写的。写的时候，脑子里有很多观众，你知道大众需要什么，大众的痛点是什么，在分析了这些用户之后，推出了一个非常适合他们的产品。当然这个产品本身是非常真诚的，但它只是我的非常小的一部分，将这一部分深化，用合适的语言表达出来，这是一个媒体人的写法。

以媒体人的身份去写作时，写到某些句子的时候，我觉得别人可能会看不懂，就不写了，也会有一些情绪的引导。当然这本书卖得是最好的，在写的时候也是非常真诚的，但这样写出来的东西，包括了很多杂念，有机心的部分，可能换一个时代，换一个人群，这本书就没有价值了。

于是，我开始了一种创作练习。我一直在试图忘掉脑子里的观众，把他们都择出去，这个过程其实特别难，因为做媒体做了太多年了，脑海中的观众很难消失。戒定慧就需要有戒的东西来把你围起来，所以我在写作前还会有一些仪式，比如打个坐，让思绪完全静下来，也会屏蔽掉很多社交，不看各种新闻，刻意忘掉很多时代的东西。那两年我过得比较封闭，刚好也是在学中医的阶段，要回到一个完全纯粹和自我的状态，这样相辅相成地往学问的深处去探索。

这样零零散散地写了一年，主要是读书笔记和生活笔记，发在自己的公众号上。它有一点像一个指示牌一样，就是这个月我研究到这个程度了，做一个记录。最后发给涂涂（出版人），我本来有点怀疑这样的内容可以成书吗，涂涂觉得可以，因为这也是一个当代女性非常真实的成长过程。

到了第三本，我基本已经不需要去想忘记观众这件事了，已经过了这个阶段，所以是以一个非常沉浸式的享受流淌的感觉在写作。

第三本是一个非虚构长篇。以前我写的内容如果说是砖的话，现在等于要把烧出来的砖盖成一个房子。这本也写了一年，然后放了一年，又改了两遍。这本书是和我在亲密关系上二十年的探索相关的。

有了这三本书的积累，我觉得现在可以写关于中国艺术和美学的内容了。以前的那些写作帮助我探索了很多写作技术，接下去这几年要写的是我一直非常想写但之前觉得没准备好的。

伊登：第三本写的是你和你先生之间的事情，当时为什么要写亲密关系这个主题？

宽宽：我是从 2020 年 6 月开始写的。疫情期间，我和先生每天在家中相对过了三个月，竟然还觉得挺开心的。我就开始思考为什么我们俩的关系会走到今天这样的状态，我女儿也长到了对爸爸妈妈是怎么认识的这类问题很感兴趣的阶段。

时代有一种推动力。我因为研究中国历史，感到到了这样一个节点上——有一种预感和直觉——时代会发生巨大的变化，我们又亲身见证了这段历史。我会想在这样的时代中，我们能够留给下一代的是什么？那几年，我身边也有很多朋友，夫妻之间走着走着就走散了，我想如果能够将这二十年的过去梳理下来，我对亲密关系的理解，对情感、对情义、对恒心的理解，对我女儿来说，或许是一个指路标。

于是我就开始写，写着写着就觉得有一点难以为继，写两个月停一个月那种。我在诊所看到的全是有关生死的病痛，回到家里写爱情，就觉得特别肤浅，怎么积累了二十年，就积累出这么些东西。

但是我又想，如果有一天我躺在床上起不来，我能留给我女儿的，大概也就是这些。这是我作为个体最独一无二的经历，不管它轻浮或沉重，它就是我的东西了。

伊登：因为写的是亲密关系，你写的时候会有一些比较私人的东西，不好意思写出来的时候吗？我在写作的时候经常在斗争，有的时候觉得这是很真诚的，有的时候又觉得这个东西写出来有点难以启齿，不知道这个度怎么样去把握。

宽宽：有的，一直有的。一个是耐着性子写一些，另外一个是我会隐掉很多东西，不太会什么都写，会有留白。过于痛苦和过于甜蜜的东西我都写不出来，这些我都会收着。

但是回到写作的纯粹性这个角度，你先纯粹地去表达，不去评判它，它的情绪就到这儿了，就先写出来。第一遍写的时候还是非常讲究气的流动，这个部分流到那里了，就让它多流一会儿。写出来之后可以先放一放，过一段时间再修改。那些部分就留给修改的时候。

往往你觉得不好意思、觉得"过"的那个部分，是你个人风格的一部分，而其他的理性的部分是大众化的部分。

伊登：这么多年，你有没有一刻会遗憾或者不舍你们曾经拥有的生活？

宽宽：我对自己没有任何的遗憾，但是我对他会有。他是这么有才能的一个人，现在就做一个咖啡馆，我会为他觉得有点可惜。但是他自己完全不觉得可惜，这两年我们的内在都满足了很多，比如说对生活的需求，一家人可以相守着过日子，这些都已经满足了。我俩都是想做事情的人，我们到大理并不是为了躺平。我觉得如果给他更大的阵地，他本来应该发挥更大的能量。有时我会和他聊到这个部分，他说如果他现在真要想回去做事情，依然是有机会的，原先和他一起打拼的兄弟，现在很多都已经身居要职，如果他想回去负责一个市场，肯定是有这样的机会。

这些都是从失去的角度去看，所以看到的都是失去的好的一面，当你从（曾经）拥有的角度看，又会看到很多问题。所以在看到失去的同时，也要看到他现在拥有了更多的可能性。比如做咖啡，他从五年前的技术的积累，到现在在这个领域的钻研和精进。精通一门手艺，可以帮助人通向"道"的部分，这个部分对他是有巨大的吸引力的。我现在写作、做中医，是完全能知道这部分的乐趣和吸引力的，所以我们在这个层面会有很多共同语言。以前他在国企，我们可以谈具体的事，但是接近道的层面，就不太能聊得通，现在就有一种知音的感觉。

伊登：接下去你们会一直生活在大理吗？生活上有没有新的计划？

宽宽：女儿现在三年级，大理没有合适的初中，我们五年级就面临着要去哪里读初中的问题，所以现在也在选择。我觉得在孩子 10 岁之前，完全在一个自然的天地里面，后面转到一个相对的传统文化的元素比较丰富的地方，例如苏州，就挺好的。如果是回北京，我父母还住在北京，我们回去直接有书读就比较省事。也在考虑深圳，因为深圳的风格很实在，人们的拼搏精神还是在的。现在就是在这三个地方考虑。

伊登：你会为女儿读书的事情感到焦虑吗？

宽宽：完全不会，我有时会为了自己太不焦虑而感到焦虑，就觉得自己是不是没有尽到做父母的责任。但是我觉得，在大理已经培养了她很好的学习习惯，独立性，作为一个终身学习者，这方面我是比较放心的，以后无非就是在哪里学习的问题。前面的底打得比较好，后面的那一块就看她自己能走到哪里，不是我能计划得出来的了。

最理想的婚姻模式

伊登：你有没有觉得，你是你们家的精神领导，比如去哪个城市生活，过怎样风格的生活，孩子接受怎样的教育，基本都是由你来主导。我观察下来，这也是幸福感比较高的一种婚姻模式，妻子的灵性很高，丈夫的战斗力特别强，最后妻子能够按照自己的意愿生活，丈夫也能享受到很好的家庭生活。

宽宽：我觉得我会想到这些，是因为我先生不是一个想法先导的人，他是一个事实先导的人，他做事就是做事。比如说我们要开咖啡馆，也不是先计划好要开的，也不知道怎么的就开了咖啡馆。他是属于干一行爱一行，做着做着就做进去了，也就能做得很好。

可能在他做事的时候，我已经想到了一年以后，可以做到怎样的程度，下一步要改变什么，然后他觉得可以，我们就朝那个方向努力了。

伊登：一辈子只和一个人谈恋爱就结婚，会不会有遗憾或者说好奇？

宽宽：不会，因为我本来对爱情就没有那么大的兴趣，就好像没有那么大的欲望。我这两年回头看，觉得关于生命成长的这个部分，是我最大的热情和驱动力所在，感情关系是其中的一部分，它出现在我的生命进程中，而不是我的生命焦点是它。

以前我做媒体的时候，风气比较自由，身边的同事都处在感情经常变化的阶段，她们一直觉得我太亏了，怎么这么多年就这一个。我当时也思考过这个问题，因为我也会做一些情感话题，去观察那些感情经历非常丰富的人。我觉得这里有一个不变的点，就是大家都是要在这个过程中获得自己的认知和体验，或者说是成长。只不过有的人需要不停地换人，通过不同的人来达到；我是通过不同的阶段，和同一个人，但是不同的阶段，不同的深度，不同的细部的丰富度，这是我探索的路径。我觉得这个是没得选的，你的生命就是这样成长的，每个人的方式不同，我们拥有的道路不同，但我们都要从中实现自己的目标。老天既然给了我这样的生命历程，我就尽量把它用好。

伊登：第一次恋爱就遇到了一个很不错的人，你觉得是运气成分比较大，还是后天的磨合比较好？

宽宽：我觉得命运是一部分，是不可控的那个部分，你可控的是后面的进程，它是否能如你所愿，以及你在里面花费多少功夫达到你想要的程度，这是值得自己努力的部分。人为的努力和谋划当然也是有用的，但我们可控的部分是有限的，所以很多人努力了也不行，有的是遇到的人不行，有的你也不知道是为什么，反正努力了之后两个人反而越走越远。我觉得这些都是道的层面，里面蕴含着很多义理的东西，它本身没有好或者不好，每个人的历程都是独一无二的。

伊登：如果不是像你们这样的少年夫妻，还有可能培养出像你们这样子很深的共生关系吗？

宽宽：从我的角度当然觉得很难了，因为走过的历程不同。年轻有年轻的不可重来、不可替代的体验，这部分我觉得很难。还有年轻的单纯和热烈，这个部分也挺难的。但是我没有体验过，所以也不能说这一定不行，一定是有一些在我的体验层面里无法触及的部分，比如说中年人可能一上来会剥离掉很多表面的东西。从更大的层面来说，还有命运的成分，不能一概而论。

伊登：现在还有一种普遍的现象，就是现代女性在飞速地成长之后，遇到一个合适的人反而更难了。当代女性也没有把爱情看得那么重要，主要的原因是觉得不太值得，希望投入更多的精力在自己身上。对这种时代情绪，你有什么感受吗？

宽宽：我觉得一个人的生命里面，并不是独立地分成爱情、友情、亲情这些板块，它是一个整体，这些东西的核心是你的内在，然后表现出你不同的角色，所有的这些都还是促进你的生命更加圆满。所以并不是说一个女性，希望遇到一个很对的人，然后经过努力得到了一个满意的结果——我觉得它是一个伪命题，要和这些关系严密地贴合，咬合在一起生长出那个东西。

一方面我觉得，对现代女性来说，这个过程并不一定在男女关系中发生，它也可能在职场中发生，在自我探索中长出让生命圆满的东西；但是另一方面，我又觉得男女关系还是有它不可替代的部分，就像《道德经》里说的"反者道之动"，有的时候我们只在自己身上是看不清或者是看不全的，一定需要和与你不同的反面去发生冲撞、去体会。

我觉得亲密关系没有发展起来的话，还是有一些遗憾。因为家庭对一个人的支撑作用还是很大的，就像两个人上台阶，互相拉一把，一个人先上某一级台阶，再拉一下另一个这种感觉。

我写第三本书的发心，就是写给我女儿看。关于情义的教育可能只能来自家庭，从我的身上传给下一代。我希望她知道这个东西是存在的，也愿意去相信。我觉得所有的关系都有一个很大的前提，就是你相信，如果不相信就很难发展出来。

对于现在的年轻女性，哪怕大家都已经不相信这个东西了，或者说我们周围已经看不到了，但是它存在过。就像我看《浮生六记》，它在清代的时候也是名不见经传的一本小书，传了那么多年传下来。我看到的时候就会知道在那个时代存在这样的情感，我相信有一种人心之所同然的东西，人类的内心深处，是有一种共同的诉求的。

现在这些诉求达成的难度太大，我们那个时候比较容易，因为没有手机，没有太多的干扰。但是这种诉求是存在的，只是不一定通过亲密关系。可能他 / 她会通过其他的出口去寻找，只是我们现在看不到或理解不了这个出口在哪里。从表象上来看，谈恋爱的现象少了，但就像中医说有一个整体的平衡，哪怕是病，到了一定程度，总是要拨乱反正，如果一种时代情绪走得太过极端，还是会弹回来。其实看现在这个时代的特征，就已经可以预见到下个时代，会有一些复归的特征，可能到时候又会出现很多恋爱脑，回归到一种个人的非常唯美的对情感的追求。

自

由

篇

我们所能接近的自由

收拾房间的时候，翻出大概是 15 岁，初三时在笔记本上写的"心愿清单"，被当时自己的心存高远震惊了，一边好笑，一边佩服，满满的接近 80 条的心愿，上一条还是"捡很多破烂"，下一条就是"做房地产生意，成为商业巨鳄"，其中还有"加入探险队，同探险队的一名志同道合的人结婚，但是不生孩子"。

人生的终极目标在这些毫无联系的志向中若隐若现，就是自由。想要成为一名作家，是因为时间自由，不需要被工作固定在某一个场所；想要财务自由，是因为这样才能支撑自己想要的生活；想要移动的自由，可以在世界上任何一个喜欢的地方生活；想要情感上自由，不被情感掣肘。

现在看看，几乎一个也没做到。

倒也没有觉得愧对 15 岁时的自己，只想对她说："你想得太美了。你还不知道一个人要经历多少，才能获得真正的自由。"

"自由"这个看似美好的人生终极目标，其实一直是一个轮廓模糊的词。何为自由？怎样自由？很少有人说得清楚。从女性的角度出发，我觉得有三个比较重要的时间点。

女性大约在 25 岁之后，就会将婚恋作为一项不得不完成的任务，因为年轻女孩最有可能在婚恋市场寻找到优秀的长期伴侣，这个时候择偶就变得非常重要。婚恋自由其实在这个阶段是很难实现的，如果择偶就像高考一样，错了要付出极大的代价，你就很难劝一个年轻女孩放轻松，享受恋爱的美好。

到了 30～40 岁的时候，除了坚定的丁克主义，女性的生育焦虑可能到达顶峰，这是一个很客观也很现实的问题。到了这个年龄段，有生育需求又还未生育的女性会陷入一种巨大的焦虑中。

我的备孕并不算太顺利，在长达两三年的时间里，人生的其他选择都会为了生育让路。当时，我在做一份旅游媒体的编辑工作，经常需要出国采访，为了备孕，曾经有很长一段时间，我很排斥出差。记得那个时候，每日泡在论坛上，看一个又一个无助而痛苦的女性，将"好运（孕）"传递下去，那种无力感一度让我绝望。为了逃避这种绝望，我开始接受领导的安排。最后一次出差是去冬天的洛基山，我们住在班夫温泉酒店里，从酒店巨大的落地玻璃窗看出去，外面是无垠的冰雪。每天的采访安排得密密麻麻，我却迎来了几年里最好的睡眠。即使中午吃完饭只有半个小时的午休时间，我都能迅速脱掉外衣，深深地睡上 10 分钟。每天清晨，酒店的服务生会送来一捆木柴。晚上，我们结束工作后，一群人就会围坐在壁炉前，尝试去点燃它。到了第三、第四天，我们已经学会了如何生火，围着炉火，有一搭没一搭地聊天。等大家各自回到房间，伴随着屋外簌簌的落雪，我只用 5 分钟就可以进入梦乡。

我的身体仿佛在冬天的山林之间得到了休养，就是在那一次之后，我很快就怀孕了。

我常常在想，是不是女性的身体到了这个阶段，会自动分泌出一种激素，这种激素让你看不到其他的东西，只会将生育视作头等大事。也因为女性身体的这种本能，人类才得以繁衍下去。

解决生育焦虑的方法除了真正地拥有一个孩子之外，也有一些科学的辅助手段，比如冻卵。可能这种方法的心理安慰作用更大一些，但自由原本就是这样一件事，你觉得自由了，那就是自由了。

但即使这些都没有，到了 35 岁之后，40 岁左右，生育焦虑也会逐渐消失，那种迫切地想要拥有孩子的愿望渐渐平息，人生又会浮现出很多其他更有意义的事情。我们在回首往昔的时候，会惊讶于原先那个一叶障目的自己，为什么会在生育这件事上无比执着，甚至不惜伤害自己的身体。

在生育焦虑消失之后，女性会有一个极大的解放，在通向自由之路上开始一路狂奔。

在这之后，曾经困扰你的婚恋焦虑也将不再存在。

如果这个时候的你仍然在第一段婚姻中，生活的重心可能已经转移到自己或孩子身上。

如果第一段婚姻已经解体了，那么你在情感上的探险将再次启程。

这个时候的女性，摆脱了对长期关系的不切实际的幻想，也多少拥有了独立生活的能力，不再将婚姻视作生存的手段，"谈恋爱"这件事的纯粹性才显现出来。很多人是在这个时候，才终于实现了恋爱自由。这种自由并不是想和谁谈恋爱就和谁谈恋爱——毕竟这是一个双向选择——而是你在去爱的时候，只需要考虑爱情本身。

对于中国女性来说，或许只有很少一部分群体能够主动进入"约会市场"并在这片海洋中自由驰骋，但一旦你进入这个状态，就会发自内心地说一声，It's damn good!（真是太棒了！）

当我的人生进入无须在婚恋市场上求索的阶段时，自由感是与日俱增的。因为择偶的标准变得非常简单、纯粹。

第三个节点是更年期。我为我即将到来的更年期已经做好了思想准备。

更年期在传统的观念中，总是和负面的评价相关联，人们觉得正处在更年期中的女性，脾气暴躁，不可理喻，随之而来的，是丧失了女性的魅力，它无时无刻不在提醒你：你的身体正在衰老。

为了预演更年期的到来，我做了一篇采访，采访了6位更年期女性。令我欣慰的是，那些和伴侣之间仍有爱意的女性，依然拥有良好的性生活，甚至依然拥有高潮。性爱的质量和年龄无关，最关键的永远是，爱意是否存在。

　　但在我们哀悼自己的青春之时，不要忘了此刻我们也真正接近自由。此刻的我们，可以单纯作为一个人而存在，荷尔蒙带来的冲动逐渐回归，不再囿于社会对女性的规训、女性的天职，而成为真正的自己，那个一路走来，所有的过去累积成的自己。

　　除了这三个比较重要的时间点，还有三个通向自由的很重要的元素。

　　一、性

　　几乎所有的女性，在性这件事上，都经历过一个漫长的、孤独的探索期。少女时期，我们很少能够从公开的资讯或者周围亲密的人的口中获得我们真正想要的答案，可能对很多年轻的女孩而言，对性的探索，是充满了不安与惶恐的。

　　确立自己的性观念绝不是简单地看一些性教育读物，

或者关注一些性知识的科普就可以完成的。它一定是在一段又一段的关系中，在练习中确立的，很少有人在性观念上，天然就能找到最适合自己的方向。同时，性的观念也不存在什么是正确的，什么是错误的，或者什么是先进的，什么是落伍的，在保护好自己、不伤害他人的前提下，你唯一应该选择的，是适合自己的。

当我们确立了自己的性观念，并且越来越擅于愉悦自己之后，性就不会是一个压抑自己的神秘地带。你所能获得的，除了美妙的体验，更有一种无边无际的自由，它能最大程度地让女性在情感中得到解放。

二、财务

年轻的时候，很多人憧憬自己有一天能够"财务自由"，也有很多人在践行着"FIRE"（Financial Independence, Retire Early Movement，财务独立，提前退休）生活的准则。它主要依靠的不是高额的收入，而是减少开支，只要自己的被动收入高于生活支出，就可以提前退休，不再工作。

但随着年龄的增长，你会逐渐明白，无论是"财富自由"还是"FIRE"都是一件很难实现的事情。它考验一个人的财商、能力以及运气，只有极少数人可以实现它。

我觉得与其将目标设立得那么大，不如去实现一样——自食其力。只要实现了这四个字，其实就已经获得了极大的自由。与其去想有一天自己不用工作也能活下去，还不如去想如何让自己拥有一技之长，能够在一直变化的世界里拥有赚钱的能力。

只要你能够自食其力，你的人格就和世界首富一样平等。贝佐斯站在你的面前，你都不需要低头，也不需要让渡自己的感情去换取物质上的安全感。

三、流动

这一点在今天的世界尤为重要。

去草原旅行的时候，我认识了一户牧民家的女主人，她一个人带着两个孩子住在海拔 3000 米的高原上。除了照顾两个孩子，她还要看管十几只牦牛和四百多只羊。当时是夏季，下午四点多钟，牦牛被赶回家，她要开始给牦牛挤奶，每一只都要一二十分钟，光挤奶就挤了两个多小时。一天要挤两次奶，晚上一次，早上一次。这天晚上，等她做完晚饭，吃好饭，洗好碗，收拾好睡下的时候，已经十二点了，第二天凌晨四点半，又要起来给牦牛挤奶。

这样的生活，已经日复一日，持续了几年。到了冬天，她给我发来草原上的视频，白雪皑皑，天地一色，美虽然美，但是住在条件简陋的帐篷里，可想而知会有多么艰苦。

当地的男性尚有机会离开草原，去读书，或者外出打工，不需要做体力活的时候，可以在帐篷里躺着休息，但女性几乎是在日复一日的劳作中衰老。在这样辛劳的生活中，她们的想法是"我们的生活就是这样的呀，我们已经习惯了"。

我深深明白，依靠她们自己的力量很难改变现状，也很难走出草原，就像你无法拉着自己的头发让自己离开地面一样。

但某种程度上说，我们也一样，身处某种依靠我们自身的力量很难去打破的僵局。离开自己熟悉的环境是一件很痛苦的事情，除了操作上的难度，也意味着和过去的自己割裂，这会让你失去一种深厚的纽带关系，失去与社群相依的亲密感。

但随着社会进程的发展，无论出于主动意愿还是被动接受，流动都在随时发生着。从国家之间的地理上的流动，到阶层之间的流动，抑或婚姻状态的流动，我们从中获得了前所未有的自由，也承受着孤独无依的痛苦。

尤其是近几年，这种变动变得更加频繁。在这种不安的环境中，我们始终要保持流动的能力。比如终身学习的能力，掌握语言的能力，获取信息的能力，独立判断的能力，生存技巧的能力，以及重建家园的能力。

以及最后，当你还有余力的时候，去帮助他人的能力。

● 她发现了一点，只要你足够想，你总有办法去
一个地方生活。对此，她毫不忧虑，也相信自
● 己拥有赚钱的能力。自由已经成为她身体的一
部分。

白略

如果你连钱、爱甚至生命都不害怕失去，就获得了真正的自由

2022 年 6 月，白略的父亲因癌症去世。那一年的 8 月 1 日，她带着儿子猪猪移居新加坡。

移居新加坡的决定做得非常快。5 月，她决定让猪猪申请新加坡的国际学校，猪猪欣然同意；得益于他在上海接受的良好的国际学校教育，只花了一个月的时间就顺利拿到了 Offer。8 月，学校开学，她办了一个旅游签证就和猪猪一起来到了新加坡。等到猪猪的学生

证办出来之后，白略才凭着学生证办理了长期陪读的签证。

从 8 月到 12 月，四个月的时间，白略只做了一件事，就是"生活"。

她在上海的时候，生活在一个很特别的地方，那是在城郊的一个软件园区里的房子，除了他们一家，那里没有其他人居住。空间很大，也很空旷。她进一次城需要花很长时间，所以尽可能把所有的事情都集中起来一天完成。

搬到新加坡之后，出于生活的实际需要，也出于新加坡高昂的房租考虑，她只租了一个 60 平方米的公寓，两个人生活已经是绰绰有余。在上海的时候，她会请钟点工打扫卫生，但是到了新加坡之后，白略没有请女佣，所有的事情都是自己完成。

每天，猪猪自己上学和放学，白略睡到接近中午起床，起来之后吃一个早午餐，下午穿双拖鞋出门，去附近的超市采购一些东西。她在上海的时候几乎不会去超市买东西，但是在新加坡只要可以线下买的，她都会选择走过去购买。下午三四点钟，猪猪放学回家后，自己玩一会儿，晚上他们会一起出门吃饭。公寓的厨房是开放式的，和客厅连在一起，不适合做油烟很大的饭菜。白略很少在家里做饭，家附近有非常多的餐厅可以选择，从米其林餐厅到物美价廉的地摊，水准都很高，是不爱做饭的人的天堂。其余的时间她打扫卫生，洗衣服，处理各种账单。晚上她和猪猪各自一隅，最近猪猪学德语，白略学日语，两人各找一个角落学习，互不打扰。

除此之外，她发现了越来越多令人高兴的事情。她找到了一个只放艺术电影和独立电影的电影院，又找到一条从家门口直通影院门口的公交线路，在那里看了6部戈达尔的电影；去咖啡馆喝一杯后溜达到图书馆看会儿书；开始上日语课程，每周六上课，平时要交作业。

如果要用一个词来形容现在的生活，就是"正常"，这是真实而没有悬空感的生活。而这种"正常"，是白略愿意付出巨大代价换回的。

来处

白略是地道的上海本地人，在上海的浦江镇出生，从小在乡郊放养长大。

白略对父亲的感情很复杂。小时候，父亲是她全方位的偶像，聪明、仗义、幽默、大方。在那个年代，父亲是一个很与众不同的人。

他是很早就独自出国旅行的人，20世纪80年代末，背着包，英文也不大灵光，就一个人出发了。他出国回家的时候是白略最快乐的时候，因为行李箱里会装满各种新奇的礼物，有来自中东的小首饰，意大利制造的提花马夹和波点小裙子，塑料大哥大玩具，甚至还有刷杯子的清洁用具。那几枚并不贵重的中东戒指，白略一直戴到现在，还保存得很好，已经三十年了。

他热衷于吃，也很擅长做菜。她亲眼见过他小心翼翼地用铁锅做熏拉丝，调出酱汁，一只只慢慢熏。个中美味，永生难忘。

他热爱在上海住酒店，常在周末呼朋唤友一起去住酒店，他的做法，就是如今时髦的"居家度假"。白略很喜欢和父亲一起住酒店。幼时他常带白略去旧租界中心的衡山宾馆，至今她都记得衡山宾馆里那家小小的进口商品超市，在那里可以买到外面见不到的漂亮水果。新锦江开业后，他们偶尔也会去那里住，去吃那里顶楼旋转餐厅的自助餐。后来浦东开始建香格里拉、金茂凯悦那些亮闪闪的新酒店，他们又是最早一批的客人。马勒别墅被改成酒店后他们也时不时去一去，再后来，新酒店越来越多，父亲也越来越老，这个习惯就渐渐终止了。

父亲做实业，去过朝鲜投资，办过养猪场，供职过政府单位，涉足过房地产，也投入过文化产业，甚至因为爱好而收藏了一批废弃的火车头和车厢。后来因为放这批火车头的地被征用了，实在没有地方保管，白略就想了个办法，在上海浦江镇找了一块空地，把火车头改造成了一个餐厅。原本火车车厢还可以住宿，做成了绿皮车卧铺的场景，世界各地的背包客会特意过来打卡。后面几年，逐渐取消了住宿的功能，又取消了堂吃，如今剩下一个厨房在运营，只做定量的商务餐，火车头又回到了最初父亲收藏它们时候的样子。

总之父亲做了那么多事，很多时候都并不关心是否赚钱，只是考虑是否好玩。就像廖一梅说过的一句话：男人只会变老，不会变成熟。

所有童年的回忆里，父亲始终把白略当成一个成年人对待，而不是孩子。唯独一次很热的夏夜，那时白略大概五六岁，非常怕热，父亲让妈妈抱着白略去车里，他把车发动，打开空调，让她凉快安静下来。那是记忆里为数不多的来自父亲的温情时刻。

等到她长大成人后，身为女性的自我意识逐渐觉醒，才逐渐理解父亲的另外一面。这一面对她而言，极其残酷。

父亲从她出生的那一天就希望她是个男孩，不喜欢她留长发，还要求她"行动军事化"，极其注重独立性，一直把她当成男孩子来教养。她至今不怎么会化妆、编头发，大概是潜意识里仍然觉得"我不该这么做"。

在白略的成长过程中，她目睹父母无止境的争吵与互相伤害，直至白略 12 岁的时候他们离婚。父亲一次性给了母亲 10 万元抚养费，从那之后，再也没有付过白略一分钱的学费。父亲之后再婚，生了弟弟，所有的钱都留给了弟弟。他提供了他公司名下的一套房子，供白略和妈妈居住，不用付房租，但房产仍然属于父亲公司所有。白略用自己的钱装修了那个毛坯房，这是父亲在白略 12 岁之后，对她仅有的支持。

12 岁之后，父亲几乎在她的生命中缺席，白略开始去寄宿学校读书，正如父亲所希望的那样，独立地生活。

他们的关系是在父亲生命快走到尽头时才趋于缓和。

那一天白略在西安的酒店里，清晨 6 点接到了父亲的电话，父亲平静而简短地告诉她，他得了血癌。接到电话的时候，她的情绪没有任何波动，但是挂了电话之后，她开始哭泣，她意识到她要失去自己的父亲了，她要成为一个没有爸爸的人了。

父亲一如既往，有一种生亦何欢、死亦何哀的精神，他冷静地寻找医院和医生，为自己制定治疗方案，积极治疗。他几乎一大半时间都在医院，不在医院的时间，照常每天去公司上班，谈笑风生，烟不离手。而白略当时正好在医院边上开了一个面料工作室，从工作室走到医院只要10分钟，她开始每隔一天就过去看望父亲，一起吃个饭，她对他所有的怨恨从那个时候开始，就慢慢放下了。"他已经病得那么重了，我不想和他计较了。"

在和父亲相处的最后两年时间里，她不可遏制地明白了一点，无论她曾经多么怨恨自己的父亲，她身上的一部分血缘都来自父亲，她的性格竟然与父亲如此相像。

从离开上海，去北京上大学起，白略就开始做各种投资，毕业后从来没有正经上过班。她19岁的时候自己在北京买了一套小公寓，这套小公寓后来转手卖掉，赚到了人生的第一桶金。大学毕业后，她在上海的朱家角盘下一个咖啡馆，那家咖啡馆后来被视为朱家角文旅开发的一个象征。她喜欢纺织面料，在江南做田野调查时四处搜集手织布，租了一个仓库专门放置她的收藏。她不断地开餐厅、开民宿……和她的父亲一样，她做的很多事情，都不考虑是不是赚钱，而是是否好玩。

在她9岁的时候，父亲给她买了《三毛全集》和弗洛伊德的《精神分析引论》，还有一套从香港带回来的《金瓶梅词话》，甚至带她出入酒吧和各种饭局，在那里，她第一次见到拿到了小费把钞票往自己胸口里塞的漂亮服务员。她无法判断这对她的人生影响是好是坏，但是她清楚地意识到，是父亲对待自己的方式，对待母亲的方式，使她形成了现在这种对婚姻的态度。人不可以选择自己的父母，这是她的宿命。

父亲在生命的最后时光依然没有改变，依然玩乐般地对待这个世界，他对白略说："一切都是空的。人最应该学习的是生老病死，每个人应该用自己的方式完成生命过程。"也是在那个时刻，白略坚定了40岁时退休的决定，她想把更多的时间留给自己和家人。

同样没有改变的，还有父亲对待白略和弟弟的态度。弥留之际，他依然希望将来白略可以照顾弟弟，让着弟弟。

最终，白略和弟弟遵从了父亲的愿望，没有过度抢救，让父亲轻松地离开了这个世界，那是2022年的

6月。

"说实话，父亲离世并没有对我的生活产生太大的影响，我发现我还是和以前一样生活，也许是因为他原本在我的生活里就没有起太大的作用。但是妈妈不同，如果失去妈妈，感受会完全不同。"

从 12 岁开始，白略和妈妈一起生活。妈妈靠自己的能力尽可能地赚钱，想给女儿提供好一点的生活。妈妈也的确靠投资房产赚到了一些钱，让她作为单亲妈妈在那个年代过得相对宽松。

白略大学毕业的时候，去朱家角开咖啡馆。当时妈妈并不赞成，她不明白一个传媒大学毕业的大学生为什么不能好好地去电视台找一份工作，而要去开咖啡馆。妈妈虽然不赞成，却什么都没有说，她开着车带着白略去建材市场买各种工具和家具，帮她把咖啡馆一点一点做起来。

她看不惯白略找的男朋友，觉得他不靠谱，但是白略很快便发现自己怀孕了。妈妈曾经因为习惯性流产，在怀白略的时候几乎一直躺在床上，才将白略平安生下来。她坚定地让白略将孩子生下来，说，如果你养不起小孩，我来替你养。猪猪后来考上了国际学校，学费很贵，也是妈妈说，你不要担心，我先替你交学费，什么

时候等你有能力了，你再开始交。从那以后，白略开始
攒钱。

"到了最近几年，我慢慢反应过来，作为妈妈，她
已经尽到她最大的能力。只是我觉得，她从来都没有
为自己生活过，离婚之前是为了我爸，离婚之后是为了
我。我觉得她生活得很辛苦，她其实应该多为自己去
考虑。"

十几年前，妈妈中风了，最近几年复发过几次，一
次比一次严重，自理能力就一次比一次更差。现在妈妈
在阿姨的帮助下，还可以自己行走，但是精神状态时好
时坏，有的时候清楚一些，有的时候就迷迷糊糊。只是
白略反而希望她不要那么清楚，因为她是一个很爱操心
的人，只要她一清醒，就不可避免地陷入焦虑。她只希
望妈妈能够吃好，睡觉，休息好。

和妈妈已经没有办法深度交流，以前白略在做任何
人生重大的决定前，都会与妈妈聊天，虽然最后她不一
定听妈妈的，也一定会与妈妈商量。但是现在，所有的
聊天仅限于"今天你吃了什么""你还记不记得我多大
了"这类谈话。

有一天，白略意识到，自己在精神上已经永远失去
了妈妈，在这个世界上，已经没有一个人会像妈妈一

样，永远替自己考虑，永远站在自己的背后，她必须独自去做所有的决定。那一天她痛哭了很久，直到流不出眼泪。哭完之后，她起来继续做眼下该做的事。尽管妈妈身体不好，离不开人，她也从来没有犹豫过离开妈妈。也许是因为，她看到过一个女人是如何放弃了自己的人生，将自己的生命依附在丈夫和孩子身上，她潜意识里不想成为这样的人，她不愿意因为这种牵绊牺牲自己的人生。

离开上海之后，她把妈妈从康复医院接出来，请了两个阿姨，一个 24 小时陪护照顾妈妈的生活，一个钟点工给妈妈做饭。白略的先生和妈妈一起在上海生活，还有白略养的小猫小狗也在家里。她的朋友们经常去探望她妈妈，给她发来视频。只要妈妈好好地活着，对她而言就是最大的安慰。

支撑

白略和先生的婚姻与传统意义上的婚姻也不同。

在认识先生之前，白略在北京读书，她经历过文化最活跃、最黄金的年代。那时的北京，普通的大学生可以进出行业顶尖人物的派对，没有大人物与小人物的隔阁，没有思想的割裂，充满了希望，是理想主义者的天堂。她谈过很多恋爱，但是所有的恋爱，在她身上，激情都不会超过三个月。

先生是她朋友的朋友，白略在朱家角开咖啡馆的时候，朋友带来一起玩就认识了。两人谈了三个月的恋爱，白略意外怀孕了。因为受到妈妈的影响，白略从来都没有犹豫过要生下这个孩子。她给了先生两个选择：你可以不结婚，那我自己养；也可以结婚，我们共同来抚养。先生后来想了想，觉得还是可以结婚，就结了。

"我们的婚姻从一开始就和别人不太一样，我当时完全是为了生小孩结的婚，因为那个年代单亲妈妈给孩子上户口没有那么方便，还是需要结个婚。"婚姻对白略来说，没有那么神圣，"我从我父母身上得出了结论，就是我觉得婚姻都是不靠谱的。"

就这样，当年上大学的时候看上去最特立独行的文艺女青年，反而成为同学中最早结婚、最早当妈妈的一个人——白略24岁就成为母亲。更特别的是，当同龄人迎来了离婚高峰的时候，白略和先生，这段当初看上去最没有基础的婚姻，反而一直维系到现在。

在婚姻中，他们的经济一直相互独立，各自承担一部分家庭开支。从猪猪上幼儿园一直到小学五年级，白略负担他的学费，六年级之后，由先生负担学费。在来新加坡之前，两人简单地商量了一下，猪猪的学费仍然由先生承担，他只需要承担这部分费用，其他的，包括白略和猪猪在新加坡的生活费，以及上海的各种开支都由白略来承担。"到了新加坡之后，发现我亏了，因为新加坡的物价非常高，生活费比学费要高得多。"

先生这几年的收入来源主要是他投资的一个早教机构，但是因为现在整个行业不景气，估计收入也不是很好。关于具体的收入情况，白略不清楚，也没有兴趣过问。总之他现在仍然在负担猪猪的学费，会在上海的家里看管好阿姨，照顾妈妈，白略对此就已经非常满意了。

他们有的时候也会聊天，但只是纯粹像朋友一般聊天。

"如果你把我们俩的角色和思维反过来，其实就很好理解了。我觉得我的思维就有一点像男性的思维，对婚姻首先是从实用主义出发。"

她非常清楚，自己是一个理性甚至近乎冷漠的人，这样的婚姻关系对她来说，是最简单的，虽然带不来很多爱意，也绝不会带来任何伤害。"在爱情关系里，我做不到没有占有欲。我曾经想过要不要进入一段新的关系，但是后来想想，会给我带来的更多的是麻烦。"

在生活中，她的爱意来自其他方面，首先是她的朋友。

友谊是几乎没有负面作用的亲密关系，能够给她带来源源不断的支持。她最好的两个朋友，一个是大学时的同学，她住在秦皇岛，是一位单身妈妈。白略每年会去看她一次，或者她到上海来见白略一下。她们就这样维持着一两年见一次的频率，平时几乎不太联系，谁都没有刻意维护，自然而松弛，却又有一种很深的信任感。

另一位朋友是白略在上海最好的朋友，是一位服装设计师。他们因为工作的关系认识，当时白略做了一个展，他来参展，就这样认识了。认识以后的七八年间，他们都在上海的时候，几乎每周都会见一面，一起吃饭或者去对方的家里喝一杯，称得上是密友。来到新加坡之后，白略和他几乎每天都会聊天，也都是很生活化的内容，看到什么有趣的东西，吃到什么好吃的东西，就会很自然地想到对方，很多时候聊着聊着就没有声音了，也没有人会在意。

朋友在生命中来来去去，总有走散的时候，白略早已抱着顺其自然的心情，不以为意。

自由篇

对面料的喜欢，算得上另一种更加笃定的感情。

从小在浦江镇长大，小时候，她看到妈妈和外婆织布，手织布是生活中很自然的物品，头巾、围裙、书包等都可以拿布来做。她对手织布开始产生兴趣，想知道每一种面料、每一种纹样背后的故事，开始做大量的田野调查。

调查断断续续持续了几年。从 2010 年开始，她走访了上海的松江、青浦、崇明、金山、南汇、浦江镇和江苏南通等地，收集了 3000 多匹土布。

对手织布了解得越多，就越是想要更深入地了解，她开始自己学习染织。从 2013 年开始，她跟随纺织品研究专家张西美、研究贵州苗绣和织锦的鸟丸知子学习，买了日本的小型织布机，自己开始织布。

为了织布，她又学习了染色。她在村子里家门口的一小方地上种了蓼蓝，直接生叶染，或者将蓼蓝发酵后建成蓝缸，用来染色；她用苏木和红花染出红色，用栀子果染黄色，用五倍子染黑色……

天然染色的棉线，穿成经纬线，自由搭配色彩，织法和纹样也会在传统花纹的基础上做各种搭配和创新，一方小小的面料，成了白略的自由国度，她可以随心所欲地发挥。她开始帮一些独立设计师品牌做纹样设计和面料染色。

看了足够多的面料，又从源头了解了面料的生产过程，白略在面料上进行了各种探索。2015 年，她策划了一个展览《帛叠——一颗棉籽开始的旅程》，邀请了不同领域的十个人，包括服装设计师、建筑师、珠宝设计师等等，用手织布进行各种尝试和设计。

爸爸妈妈生病后，由于家人的病情，她辗转于各个医院之间。在每一个艰难的时刻，一台织布机都是她的精神乐土。在需要高度专注的穿经线的过程中，在梭子一来一回的重复中，一块块面料在手上逐渐成形，凝结的是时间与一种来自土地的深厚的情感。

这种情感，是可以给人支撑的。

白略仍然在网上运作她的一家小小的布店，这家布店收藏来自日本、印度和中国云贵地区的手织布，也会出售一些她自己手染的面料。小店的货品不多，但有一批很忠诚的客人，每次白略染完布，一上架就会迅速卖掉。

而她的儿子猪猪，始终还是这个世界上和她连接最深的人。

作为一个坚定的人生体验者，生孩子无疑丰富了白略的很大一部分人生。"我其实并不知道怎么做一个母亲，我也是第一次做母亲，又很早就生了孩子，我自己都还没有成熟就已经生了他。"

她和猪猪是一起成长的，猪猪更像是一个玩伴。

猪猪从很小的时候就已经成为白略的旅伴，陪着她走过很多国家。年轻时没什么钱，远途旅行常常坐通宵大巴，既可以省下一晚住宿费，又可以获得更多白天游玩的时间。白略还记得有一次去土耳其旅行，坐车去卡帕多西亚，大巴抵达的时候正是日出，迷糊了一夜被火红的朝日唤醒，霞光洒满如月球表面似的土地，眼前景象如梦如幻。那时猪猪还很小，却已经懂得分担，看包，拉行李，叫白略起床，都是猪猪的工作。

她对猪猪几乎没有什么管教，但猪猪长成了一个很好的少年。

猪猪喜欢音乐，白略陪他去看过很多现场演出，有的演出晚上 11 点才开始，凌晨 3 点结束，她也没有阻止过。她没有预料过自己的孩子将来会以音乐为生，她没有反对，也没有用尽全力支持。猪猪的理想是考伯克利音乐学院，她曾经也为了猪猪上伯克利暗暗努力过，但是现在会对猪猪说："你不要读这么贵的学校了，你现在的办法是中学的时候把读书成绩搞好，争取考一个有奖学金的音乐学校。"这几年对白略来说，名校光环已经破灭了。"我觉得不要去在意什么名校不名校了，考出来都是一样的，不论是学音乐，还是做码农，其实性质是一模一样的，都是在打一份工而已。在过去，整个世界是上升的阶段，大家都会对未来有期待，希望自己的孩子是一个精英，但是现在我完全没有了，我觉得无法预期未来会发生什么，也不想为了未来去透支现在的生活。"

来新加坡，最直接的原因是为了猪猪。猪猪现在15岁，算是一个半大的孩子了，她像训练野生动物的幼崽一样训练他真正独立。从计划去新加坡开始，在本地二手交易卖掉多余的物品、搬运安装所有的家具、办理行政手续、为家里分担家务……这些大大小小的事，白略都让猪猪独立完成。很多时候，作为监护人，她只是在一旁"监护"，观察为主，帮助为辅。

猪猪在国内读国际学校，到了高年级后压力很大，整个班级里的气氛都很紧张。到了新加坡之后，这里国际学校的学生更加多元，他发现了一个更大的世界，这令他很兴奋。第一个月，猪猪每天都要交新朋友，甚至放了学跟着刚认识的同学坐地铁把人家送回家，又陪另外的同学去逛街，最大限度地进行社交。一个月之后，猪猪变回了原来的样子，不再过度社交。

　　这两年，新加坡的国际学校成为中国人的热门选择，大量青少年申请新加坡的学校，导致热门学校的学位都需要等待。猪猪申请的属于新加坡第二梯队的学校，才能很快就等到学位。

　　很多到新加坡读书的中国孩子，需要一个漫长的适应过程，这个过程极其痛苦。他们从一个按部就班的，被别人安排好的环境中，来到一个很多事都需要自己主动去寻找解决办法的环境中。如果不敢说英文，不敢表达自我，又有过强的自尊心，会很容易被孤立，形成恶性循环。猪猪音乐课上有一个同学就陷入了这样的局面。白略问猪猪，你为什么不去帮助他？猪猪说："我觉得他 deserve it（活该），他到这里已经好几年了，他自己完全可以做到的，至少他可以试着和大家说话。"听到猪猪这样说，白略非常震惊，猪猪又说："其实谁都帮不了他，如果他自己不主动改变的话。"她想了想，又觉得猪猪说得也有道理。

　　由于新加坡有陪读机制，可给予一位直系亲属长期签证，大部分学生都是由妈妈陪同读书，陪读妈妈就成了一个非常特殊的群体。

　　白略观察下来，陪读妈妈有两类，一类来自非常富有的家庭，她们选择的住所和普通阶层不同，聚会、购物的消费场所也完全不同；另一类来自中产家庭，大家兢兢业业地在家里做饭照顾孩子，结伴去买菜买水。这两类群体，白略都参与不了，她游离在这些群体之外，像一个局外人。她唯一喜欢的活动，是家委会组织的徒步参观新加坡的国家公园。

人际关系对她来说，从来都不是问题，因为她几乎没有这方面的需求。这种不属于任何群体的感觉令她感到愉悦，她说："置身于内但又游离于外真是一件美妙无比的事情。其美妙之处在于可以带着既有的自己过一种全新的、基于个人历史但又没有历史负担的生活。甚至实现在旧世界里无法实现的'重新做人'：一个绝妙的演员，换部戏，演自己。"

有一天，她和猪猪一起出去吃烧鸟屋，然后白略去看电影，猪猪自己坐地铁回家。回家前，白略叮嘱猪猪路上买水和纸。看完电影回到家，白略看见猪猪把厨房纸塞满了柜子，卷筒纸分别放在了两个卫生间的抽屉里，四大瓶水，一半矿泉水一半纯净水，一半放进了冰箱一半常温。因为东西太多，猪猪指了指超市带回来的拖车："他们借给了我这个车，明天我去还。"那一刻，她已经过上了理想的生活。如果妈妈仍然健康，和他们生活在一起就好了，"她值得这样的生活"，她心里想。

她期待四年之后，猪猪成为成年人，自己去美国读书，她尽到了做母亲的义务，继续自己的人生。但无论猪猪多么独立，他与她之间的羁绊不会断，这便是母子一场，所能带来的最深的体验。

自由

白略从 30 岁开始攒钱，36 岁开始，坚定了 FIRE 的目标。FIRE 运动最早起源于美国，其目标是让人们在不工作的前提下，依靠现有资产的被动收入提供的现金流，过上财务独立、提前退休的生活。它的关键不在于增加收入，而是控制欲望。

在豆瓣，有"FIRE 生活"小组，还有"穷版 FIRE 生活"小组，还有"不富不穷 FIRE"小组，任何一种状态的人，都能找到相匹配的生活方式。而任何一种阶层的人也都相信，只要平衡自己的欲望和被动收入，就有机会过上一种不工作的生活。

36 岁的时候，白略手上同时在做四份工作，虽然开店、做面料生意都是她感兴趣的，但是工作就是工作，哪怕再喜欢，一旦牵涉到具体的操作细节、琐碎的事情，就还是工作。当她意识到少花钱就可以少花时间去挣钱这个道理之后，她就开始记账，同时开始缩减自己的工作数量。

开支最小的那几年，他们一家四口，白略、猪猪、先生、妈妈，不算小孩的学费，四个人一个月只需要5000到7000元，包含了水电、物业、买菜费用，他们甚至连空调都没有装。车子，她十几年没有换过，电子产品也是用到坏了才会换新的。猪猪做音乐的所有设备都是从二手平台上买的，淘汰下来的也一定会挂在平台上卖掉。

2019年的时候，白略在京都花50万买了一个小公寓。小公寓非常小，是典型的单身公寓，但是交通很方便，五脏俱全，甚至还有一个专门的洗衣房，很适合独居。住在这个小公寓里，1公里范围内就可以满足生活的所有需求，既可以走15分钟的路到达一些热闹的景点，又可以躲在公寓里安安静静地过一天。因为第一次海外购房的经历很顺利，她后来又在清水寺附近买下了一间昭和八年的传统町屋，计划做民宿出租。投资回报率大约在4.2%，是令人安心也适合FIRE的一个数字。

有了这两间房产，即使她在上海没有自己的房子，也足够安心退休。她的计划是到40岁的时候，攒够200万。有了这200万，她可以靠收益来维持自己的生活。退休之后，她也还是会工作，和以前的区别是，她不会再做重复性的仅仅用来维持生计的劳动，一个人如果一直在做重复性的劳动，其实对自己的成长没有很大的帮助。退休的目的，还是让自己有真正的成长，可以更好地体验这个世界。

2023 年，白略满 40 岁，到了原本计划退休的年龄，却因为去新加坡而打乱了计划。

随着众多新移民和财富涌入新加坡，新加坡的物价不断在上涨。猪猪的学费是一年 20 万人民币，加上学杂费大约 25 万，还需要再读四年，这部分的费用由白略的先生承担；房租加上各种生活开支是一个月 5 万人民币，这四年的生活费由白略承担。

她计划这四年花光之前攒的 200 万，花光了之后，再想别的办法赚钱。

她一直在用的一个日本织布机，现在则成了它的代理，虽然织布机是一个很小众的市场，卖给学校也能挣一些零花钱。除此之外，之前在上海做的一些固定投资仍然有收益，做面料买手也会有收入。

原本 40 岁退休的计划不得不往后推迟，她计划再工作五年。四年之后，猪猪可以考一个有奖学金的学校，她自己可以去日本生活，妈妈的生活白略也仔细地计算过，把妈妈自己的公寓出租出去，租金和妈妈自己的养老金足够负担她自己的生活，正常养老是够的。想清楚之后，她对于花光日渐减少的积蓄这件事，也就没有了任何担心。

出国之后，她发现了一点，只要你足够期待，你总有办法去一个地方生活，哪怕读一个语言学校，都可以长期在某个地方合法地生活。对此，她毫不忧虑，也相信自己拥有赚钱的能力。自由已经成为她身体的一部分，如果一个人，不害怕失去钱，失去爱，甚至连生命都不害怕失去，就获得了真正的自由。

因为她骨子里的悲观，她相信世界已经不可避免地走入了衰退期。无论是她现在生活的新加坡，还是美国，都有严重的通货膨胀，没有人能判断这个衰退期会持续多久。但悲观又带给她某种积极的力量，正是因为内心深处有一种幻灭感，反而异常珍惜眼下的正常生活。某个天气晴好的下午，她在阳台看书，看着洗干净晾着的床单和安静生长的植物，觉得如此珍贵。

更年期之后，我反而觉得现在的很多感受和 15 岁的自己重合到了一起。春天之后是夏天，而夏天之后，是静谧和专注的秋天。

——九月

群
像

更年期之后的爱与性

这大概是难度最大的一次采访。

第一个问题，"请问您更年期了吗？"

第二个问题，"请问您还做爱吗？"

每一个问题都很"欠揍"。

问四五十岁的朋友你更年期了吗，怕被骂；问长辈还有没有性生活，实在开不了口……你看，或许正因为此，关于"更年期"的信息就是这么的支离破碎，含混不清，无法摊到台面上来说。

传统印象中，"更年期的女性"总是和负面印象相关联，她们"暴躁"，"不可理喻"，"毫无女性魅力"。但不要忘记，更年期只是一个生命的特定阶段，是每个女性必将迎来的生理现象。我们有多么抗拒它，等到我们迎来这一天的时候，就会有多么沮丧。

随着几位陌生的读者给我留言，并留下联系方式，坦诚地和我说了自己的故事后，我的关于"更年期"的恐惧与不安逐渐消散。在一个个年龄数字的背后，我看到的是，每个看似普通的女性，在她们日复一日的平静生活下，暗潮汹涌，每个人几乎都是一本小说；不论多少岁的女性，都在渴望爱，这种渴望不曾消失；在她们逐渐衰老的身体里，依然有一个鲜活的、充满生命力的灵魂。

做完这个采访，我对我终将到来的晚年生活竟然燃起了一丝向往，希望我们都能以积极的态度，面对生命的每一个阶段，活出属于自己的故事，直到最后一页。

以下，是她们的自述。

自由篇

九月　50 岁

我这个人一直就是平平淡淡的，年轻的时候长得很好看，但是人很无趣，有喜欢我的男生说我"就像一盆汤里漂着几片青菜叶子"，意思大概是说我就是一个很清淡的人。

几年前，我的月经开始不太稳定，有的时候几个月才来一次。但是我一点都不介意这件事，在我看来，这就是人体的自然规律，根本不需要太关注，我也没有去看过医生，也没有吃什么药来缓解，因为我的心情几乎没有受到什么影响。如果有一天，我的月经彻底不来了，那我也能很自然地接受这件事。

今年我 50 岁了，但我反而觉得现在活得像 15 岁一样，我的很多感受和 15 岁的自己重合到了一起。15 岁的我就像春天，专注在学习上；然后进入了繁盛的夏天，欣欣向荣，暴雨不停，生命也迎来了很多重大的转折；现在进入了秋天，静谧，专注。

现在的生活很稳定，家庭也好，孩子也好，都不需要我投入太多精力，我就可以专注在自己身上。今年我开始做一个婴儿装的服装设计，每次在画图的时候，使用那些粉嫩的颜色，设计婴儿服的款式，都觉得自己也变得柔软了，好像回到了生命最初的时候。

就是在这一年，我突然能听得懂《易经》了。人生就如四季，秋天和春天的温度是一样的，此刻的我和15岁的我相比，专注力和学习能力反而更强了。只是秋天过后即将到来的是冬天，生命进入冬天之后，白雪皑皑，一切终将消散。但我相信只要穿得暖和一点，冬天也没什么好怕的。

至于性生活，现在我们仍然很和谐，可能是因为我一直都是个很清淡的人，所以更年期的时候，也没感觉有什么大差别，一切都还不错。

小何　48 岁

我其实 40 岁出头就慢慢进入了更年期，以当时的年龄是比较早的，医生对我的诊断是"卵巢早衰"。

当医生第一次对我说出那样的话时，我非常难受，一个人在医院做检查的时候，很想找个人哭一场，但是不知道能和谁说。没有想到过自己这么早就要面临更年期，以前我一直以为怎么都要到 50 岁吧。然后那段时间的情绪很低落——其实和体内的激素下降也有关系。人的情绪和体内的荷尔蒙分泌相关，比如当你缺少内啡肽，就会很难感受到快乐。所以人们觉得更年期的妇女不可理喻，是因为她的生理出现了一些失衡，这并不是说让她控制自己的情绪就能控制的。

当时医生建议我服用激素，维持内分泌的正常水准，因为过早进入更年期，除了性欲下降，还会面临一些其他问题，例如心血管病、骨质疏松等，所以服用激素是利大于弊的。

从那时候起，我就一直在补充激素。每过一段时间，我都会去医院复查，查一下乳腺和激素的水平，看看有没有因为服药产生什么副作用。到目前为止，都还没有产生什么副作用，但服药后明显的感觉是人的情绪比较平稳，睡眠也比较好。

我和我前夫的婚姻也是在那个阶段结束的。我们当时已经分居了两年，我觉得非常痛苦，他看上去却丝毫没有被影响。无论是分开还是和好，我都希望能有一个结果，不想在撕扯中度日。最后一次我打电话给他，问他是怎么想的，他说他没有想。后来我说，那就我来做决定吧，我们离婚吧。

离婚手续很快就办好了。42 岁，我变成了一个单身的更年期的女人。

我用了大约两年的时间才真正消化这件事情。医生说我多运动对身体有帮助，我就经常晚上在公园里面跑步。我经常跑着跑着，站在一棵树下面就哭了，不知道为什么会是我。

我去咨询心理咨询师，那个 50 多岁的女心理咨询师对我说，"失去月经，对女人来说，并不是结束，而是一个开始，你只是要准备好去一个新的世界"。听完她的话，我在咨询室里又哭了 30 分钟。

后来我也不知道是从什么时候开始，不太去关注这件事了，也没有一个具体的节点，就是慢慢地，不会经常去想它。更年期这件事，如果你自己没有把它看得很重的话，其实对你的生活不会造成太大的影响。

离婚后的一段时间，我对爱情是很绝望的，一方面是因为离婚，一方面我觉得自己已经是一个进入更年期的女人了，爱情和我已经绝缘了。我当时已经放弃再找伴侣了，专注在自己的工作上，还有写字画画什么的兴趣爱好，反正慢慢地心情平静了很多。

没想到的是，前年在朋友的介绍下，认识了现在的先生。他和我同龄，也经历过婚姻，各种观点都出奇地一致，认识没有多久我们就在一起了。

我和我前夫在一起的最后几年，加起来只做过两三次，每次都非常痛苦。我的前夫意味索然，就不再有要求。

　　我和我现在的先生第一次做爱前其实是非常紧张的。因为那个时候我已经几年没有和人做过爱了，我很害怕自己已经失去了做爱的感觉和能力。

　　等到那一天到来的时候，发现一切都是非常自然的。我很爱他，他对我也非常温柔，很尊重我的感受，我感觉到一种久违的被人爱着的感觉，全身心都渴望着这件事。

　　的确比起年轻的时候，感觉会比较干燥，但其实现在有很多润滑液，都可以解决这个问题。我觉得更多的还是心理上的问题，总觉得自己不年轻了。这个问题困扰了我蛮长一段时间，到现在已经完全接受了，毕竟变老是所有人都不能抵抗的一件事，你的身体不可能还像20岁的年轻人一样。前两年，我的眼睛也开始老花了。但是因为这些情况我身边同龄的人多少都有，所以我有一种"赶上了大部队"的感觉，也没有对我造成太大的困扰——毕竟我比大家提前好几年就开始练习了。

　　我和我先生在一起已经两年多了，到现在仍然有很强烈的欲望和冲动，所以其实说到底，是不是真的爱这个人才是最重要的。

徐旻　72 岁

我的更年期非常晚，65 岁才正式结束。

前几年我的丈夫去世，他去世几年后，我经人介绍认识了现在的伴侣。他今年 75 岁，我 72 岁，我们都没想过再结婚了，就这样相处就行了。

他的身体不算很好，我和他在一起之后，经常要照顾他，陪他去医院做血透。开始我觉得有点麻烦，但时间长了之后，多少也生出了一些情义，就好像变成了一件自然要去做的事情。总之现在是他更依赖我一些，一直叫我去他那里住。但我不太想和他同居，我丈夫去世之后，我就对照顾男人这件事感到很疲倦了，希望人生剩下来不多的时间留给自己。我还想出去旅行，在家的时候就整理整理房间，看看书，总之没有感到很孤独。

我平时是和女儿一起生活，每个周末会去他那里。每次过去，我们都有性生活。

他虽然年龄很大了，但还是可以性生活，只是和年轻的时候不同，就是以亲吻、爱抚为主。

但平时我们不在一起的时候，我也不会有很强烈的感觉，整个人比较平静。

我女儿今年 42 岁了，她有过一段婚姻，离婚之后，就是我们两个人一起生活。她现在的生活状态也很平静，有的时候我们聊天的时候会开玩笑，我女儿说，我的感情生活比她还精彩。

春暖花开　55 岁

我的先生 2007 年就病故了，曾经有十几年我活在思念中，最近几年才恢复。现在的伴侣大我几岁，不到60 岁。

我的伴侣有浪漫的心，但与年轻人有别，他给我送礼物的时候，是让我自己选，他来买单。我也会按照心意选自己最喜欢的。

我是 53 岁那年绝经，更年期对我的心情没有太大的影响，当时我的工作、生活都比较和谐，偶尔会有体力不支的小沮丧，但很快就会过去。

但更年期仍然给我的身体带来很多变化，对做爱的情绪变得不再高涨。

我的伴侣是军人退役，他的体能虽然和年轻的时候不能比，但性生活是没有问题的。在生活、工作压力不是很大的时候，他仍然有很强烈的性欲。我们现在做爱的频率不算高，但对前戏的要求比以前高。

我到现在仍然会有高潮，不是每次都有，更年期之后，高潮的感觉会比原先短促一些。

我也尝试过用润滑液，但内心多少觉得有点"假"，也有可能是方式不太妥当，就没有继续用了。

现在，我逐渐从对先生的思念中走出来了，生活平静而丰富，也被爱包围。

能够治愈别人的人，一定经历过漫长的自愈。但一旦被治愈过，就会在心底生出一种不再惧怕的信念。

一片云　52 岁

我是从去年开始有更年期的症状，没有出现传说中的潮热、盗汗，但失眠特别厉害，并且查出了高血压。

和前夫经历"丧偶式婚姻"七年后，六年前我主动提出结束没有意义的婚姻。

前年我还尝试过涉外婚介，结识了一个加拿大华裔。他让我很愉悦，在做的过程中，他会不停地问我，希望他怎么做能让我快乐。他让我再次体会到性爱的美好，可是我不知道为什么，他没有继续和我交往下去，也许他是怕我图他的财产吧。但今天他又在微信里和我说，他知道我需要什么，他说他确定他能让我快乐。我回答说：那就让我们彼此了解吧。我是坦诚的，看他自己咯。都半百年纪了，我不想为了结婚而结婚，如果没有合适的，一个人也会好好生活。

从去年开始我就有明显的阴道干涩，做爱的时候有疼痛的感觉。后来我去看了更年期专科医生，口服激素后，干涩的症状消失，在医生指导下，目前已经服药六个月了。服用激素替代治疗的时候，要随访B超（盆腔和乳腺），还有宫颈癌筛查。在保证安全的前提下，可以长期服用，所以更年期之后的性生活并不是什么问题。

所以我的感觉是：更年期不影响性爱，关键是要遇到高性商的人。很多时候，往往是我们先放弃自己，不论多少岁，都不要放弃自己。

做完这次难得的访谈，采访对象对我说：

"姑娘，祝福你。好好爱自己。"

简单一句话，竟然让我泪目。

这些比我年长的女性，将她们的人生智慧告诉我，性也好，爱也好，千言万语凝结成一句话：好好爱自己。

（注：以上采访者均为化名）

分

离

篇

人生中最美好的事，往往是胜事空自知

我已经是一个经验丰富的失恋老手了。

学生时代的失恋是惊天动地的，那个时候，会拖着全寝室的姑娘，陪我喝酒，大哭大笑，在操场上发泄。成年之后，作为社会人的自觉，让我不可能再拖着一堆人排遣痛苦，这件事主要还是靠自己。

在一次又一次的分离中，我逐渐发现"平静的力量"，只要我能找回平静，很快就能走出失恋的痛苦。

大学的那次感情受挫后，平静是在某个自习的晚上到来的。我还记得那天晚上，我在本子上临摹丰子恺的一幅画，是一面砖墙上长出了一片叶子，画着画着，我就觉得自己内心无爱无恨，突然间放下了。那是那段时间，我第一次获得平和的感觉，就好像一个一直失眠的人睡了一个深深的好觉，对此我充满了感激。

后来的失恋也是，只要我坐在电脑前，打开电脑，开始写东西，我总能平静下来。我知道自己总会过去，只不过是在等待那一刻的到来。

在霍金斯能量等级表中，平和是排在第二位的正面能量，仅次于开悟，甚至比爱和喜悦都要高。我也是年纪越大，越发现平静的能量，就像静水深流，在安静的表面下，一切都在暗自恢复，蓄势待发。

当平静到来的时候，仿佛一个人再次踏上独行宇宙，可以往任何一个地方出发，无比爽快。

分离本身的痛苦已经不太能影响我，反而是另一件事，我一直有一点犹豫——一个你喜欢过、身上有你欣赏的地方的人，因为恋爱关系结束就在你生命中消失，值得吗？

我问每一个采访对象，你能和前任做朋友吗？

有些人是分手后就老死不相往来的坚定践行者，有些人是可以和几个前任一起出去旅行的百无禁忌。梁永安老师说，分手后当然是可以做朋友的，离婚（分手）

后还能做朋友的人，肯定是活得比较有质量的人，他们的世界不会只有感情这一个内容。

为了成为老师口中"高质量的恋爱人"，我尝试过和前任缓和关系，恢复朋友关系，最终都未果，倒不是不愿意做，而是真的往前走了之后，做朋友就成了一件没有着力点的事情，并不容易。

除了分手，最近两年，更加频繁遇到的是生死的分离。

到了生死分离，人生中就没有比这更大的事了，但大部分的情况是，这件事往往发生在一个最平常不过的晚上，没有征兆，没有告别。消息传来的时候，会黯然良久，但也逐渐生出了我们都会殊途同归的笃定。

有一个采访对象，年过六十，离婚后独居，没有孩子，父母也都逝去。她和我说了一件小事：她独自一人住在乡下的大宅中，腊月十五的晚上，推门去阳台拿东西，一开门发现外面夜如昼月如水，老房子四周的远山都映照得特别亮。她环顾四周想找月亮，没有找到。一抬头发现月亮就在头顶上，仿佛一个吊灯挂在天空中。那一刹那，她突然明白了，人生中最美好的时刻是无法和他人分享的，从此人生再无畏惧，和黑夜，和孤独，和老房子，以及曾经对抗的很多事都和解了。

我曾经以为，人生的终极理想是团圆，如今渐渐接受一个事实，就是一个人，没有同类，接受人生中最美好的时刻，无人也无须和他人分享。

如王维所说，"兴来每独往，胜事空自知"。

每次读到这句话，仿佛怀揣一个巨大的珍宝，不由自主地开心了起来。

> 在我目前为止 34 岁的人生里，离婚，是我做过最自豪的一件事。这是一个我把我自己从一团混沌黑暗的泥沼里拽出来的过程。

——林贝

林贝

离婚，是我的英雄之旅

林贝想要离婚的念头再一次浮起是在怀上二女儿的时候。

怀孕期间，丈夫查出来衣原体感染，她害怕被传染，也不得不去做了一次妇科检查。她长期看诊的妇科医生金医生全程都对丈夫摆脸色，丈夫解释说是因为回国出差时，去了公共浴室，毛巾不干净。而那位来自韩国，妆容永远精致，直率又真实的女医生，一边给她开抗生素，一边小声嘀咕：撒谎，这种病只有通过性行为才会传染。

她在一旁听得一清二楚。

1

认识丈夫的时候，林贝 22 岁，一路听着 *California Dream in*（《加州之梦》）的音乐从中国飞到洛杉矶，读自己梦想的戏剧服装设计研究生课程。

22 岁之前，她没有谈过正式的恋爱，人生中充满了有爱的亲人和朋友，对一切陌生人都怀着极大的好奇和友善。现在有个标签叫"性缘脑"，但林贝不是，"我只是单纯地热爱人类。如果是一个我觉得有趣的女生跟我喝了个下午茶，然后说'跟你聊天好开心哦！'，我在心里已经开始盘算叫上她一起来个环美自驾游甚至一起去火人节了"。

男友是同校的校友，读商科，24 岁，11 岁时移民洛杉矶，由单身妈妈抚养长大。他符合她对 ABC（American-Bom Chinese，在美国出生的华裔后代）的印象：高大阳光，朋友很多，开朗，包容，也会照顾别人，毫不吝啬对她的赞美。他们很快就在一起，开始了校园恋爱。

问题是在恋爱的过程中一点一点暴露出来的。他开始限制林贝和异性的交往，删除她通讯录上所有的异性的联系方式，甚至限制她和国内其他朋友的来往，直到有一次在激烈的争吵中，他扇了林贝一巴掌。

再没有恋爱经验，到了这种程度也必须分手了。在林贝提出分手之后，他用了极大的努力去挽回，诚恳认错，表示绝不会再犯。而在那次之后，他的确表现得无可挑剔。在这一次风波之后，他们结婚了。也因为此，林贝产生了一个这样的念头：所有的一切都是可以改变的，只要他愿意，他一定会朝好的方向改变，而她的任务是不停地促使他改变。

结婚之后，他们一起努力创业，经营服装生意，过了几年和谐的生活。公司进入高速发展期，这让丈夫沉浸在财富飞快增长的巨大的梦幻中。

婚前出现过的隐患似乎已经消失，他不再干涉她的个人生活，不再限制她的人际交往，林贝与国内的老友也重拾联系。这更让林贝相信，一切都是可以改变的。

生完大女儿之后，也许是因为丈夫觉得他们的婚姻已经牢不可破，也许是因为公司已经走上正轨，他的精力过剩，婚前的噩梦以五花八门的方式回来了。

临出差的时候，他曾经因为林贝忘记打包他的某一个电子烟（而他的包里还有很多其他的电子烟），在出租车上将林贝一路骂哭到机场；因为她一件衣领稍低的衣服，而攻击她的人品；攻击她除他之外所有的亲朋好友，甚至限制林贝和她父母、亲姐姐的来往，将她所有对外的社交媒体账号全部注销。在这几年中，林贝不能做自己喜欢的事情，不能读自己喜欢的书，甚至连看自己喜欢的电影都要偷偷摸摸地看，因为只要和丈夫在一起，就只能看他喜欢的电影。

"那几年，所有我想看的电影都是在飞机上看的，只有那时才没有人限制我看什么电影。"

林贝终于意识到，一个人是无法改变另一个人的。离婚的念头一经升起，就难以打消。但离婚后的生活是一片未知，这未知足以让人却步。

在每一次大吵之后，丈夫都会恶狠狠地威胁她："如果你和我离婚，我会跟你把官司打到底，你从此别想再见到孩子。"

林贝背着他偷偷预约了离婚律师的咨询。在咨询中，她得知只要不是重大过错方，抚养权可以一人一半，她松了一口气。回到家中，她意识到，如果想自己抚养孩子，需要有足够多的钱。

和丈夫一起创立的公司后期基本都是林贝自己在打理，但以丈夫的性格，离婚之后，他一定会拿走所有的公司份额，她会丧失收入来源。

她再一次咨询律师，得知公司、她的生意收入、丈夫的股票收入都属于共同财产，她有权利要求丈夫按照离婚当日的市值，折算一半费用给她。

焦虑稍微缓解。

但即使是一段千疮百孔的婚姻，也不是一泻千里，它就像一辆绿皮火车，在去往崩坏的终点之前，走走停停。"有时，你恍惚觉得，就在某个小站，从此停留也不错。"

在这样的心情中，林贝生下了二女儿。二女儿2岁的时候，这辆衰败的绿皮火车终于驶向了终点。

在不断收集离婚的各种信息时，林贝了解到离婚对孩子伤害最小的是5岁前，大女儿正好5岁了。有一次她们在一起单独玩耍，女儿搂着她说："妈妈，妈妈，我今天好开心啊，今天为什么这么开心啊！"林贝心里一下子明白了：因为今天爸爸不在。这打消了她最大的顾虑，爸爸并没有让孩子更快乐，他不在的时候，孩子反而更安心。

她给自己定了一个目标：今年，一定要离婚，将离婚作为一个复杂而漫长的项目去做！

2

一旦离婚成为一个项目，再艰难，也总有完成的那一天。

在林贝的心理已经完全认同了离婚这件事之后，剩下的就只是执行。

第一，寻找亲友的支持。离婚是一场漫长的战役，尤其对需要抚养两个孩子的妈妈来说，更是如此。林贝的父母已经来到美国和他们一起生活，父母思想传统，一定会在离婚这件事上给她增加阻力。林贝第一时间联系了同在美国的姐姐，让她从其他州飞到洛杉矶来支持她并安抚父母。在美国大学任教的姐姐义不容辞，带着孩子就过来了。与此同时，林贝联系了在国内的好朋友，这是她从小学就结交的一生的挚友，她们曾经因为前夫的阻碍失联了很长一段时间，之后才再次恢复联系。当她告诉好朋友今年一定要离婚后，这位感情观一向超前的女朋友给了她极大的精神上的支持。

第二，寻找律师。这项工作她早已提前几年准备，陆陆续续和律师谈过几次，早已知道自己可以争取到孩子一半的抚养权，以及哪些财产。

第三，找好安全屋。作为主动提出离婚的一方，很难要求另一半离开现在居住的房子。以她丈夫的极端控制人格，她必须要找好一处足够安全的房屋，可以带着孩子随时离开而不被发现。同时，她取消了电话、车辆的所有追踪功能。

第四，收集好所有的财产信息。包括房产、银行账号、公司财务、贵重珠宝等，尽可能详细。将自己的贵重财产，比如珠宝和支票都提前放进银行的保险柜。还有自己和孩子的护照都需要妥善保存。同时把该拿走的共同账户里的一半金额转移到一个丈夫不知道的账号，保证自己在短时间内没有财务问题。

第五，提交诉讼。在所有的准备工作都做好之后，林贝提交了诉讼，将财务和其他信息交到法院备案。这是她在看了《婚姻故事》后学习到的经验。男主在收到法院传票之后才知道女主要离婚，但他为时已晚，连请律师都晚了一步。

最后，她甚至帮丈夫想好了退路，她帮他咨询了周围几家高级公寓，问好价格、房型，希望能帮他找到满意的地方搬出去，还帮他找了几个离婚律师，毕竟她还是希望早日带着孩子住回自己的家。

一切都在密不透风地进行着，向丈夫摊牌的那一天，是非常普通的一天。

当天，林贝的姐姐已经到达洛杉矶，将父母接到了安全屋，孩子们被送到了学校。一切准备就绪，林贝给婆婆打了一个电话。和丈夫的自私、专制完全不同，婆婆性格洒脱、独立，她自己离过两次婚，现在正在享受美好的单身生活。这个电话并不是控诉，而是表达她对婆婆多年照顾的感激之情，并希望婆婆可以过来控制住她那不靠谱的儿子。

婆婆很快意识到事态的严重，立即赶过来。

当面对着丈夫提出离婚时，他又恢复了婚前第一次打林贝后的样子，开启了长达三个小时的哀求和道歉，他以为这次和以前一样，只要哄一哄就没事了。但林贝已经不是当时的林贝，全程她没有任何指责，只有想继续一段关系才会指责，当你心死的时候，唯一的念头是赶紧离开，能多快就多快。

她完全不接丈夫的话，果断将自己的东西搬上车。这一刻，面前的母子俩彻底崩溃了，婆婆有经验，一直哭，"别让她走，她今天收拾东西走了就真的不会回来了"。

由于林贝一直在和丈夫共同经营公司，两人的社会关系密不可分。到达安全屋后，她第一时间打电话通知了所有她能想到的人"我正在和他离婚"，结果是，她收获了意想不到的恭喜。原来，结束这段婚姻，在所有人的眼中，都是一种幸福。

六个月后，根据加州法律规定，不需要双方同意，只要一方和法院申请，她的婚姻状态就已经解除，林贝恢复了单身。抚养权的判定也和她事先预计的相同，她和前夫各一半的抚养权，每周各带 3~4 天。

但过程远非那么轻松。在长达一年的斗争中，林贝看过心理咨询，被前夫强大的律师团拖到更换过律师，甚至因为在和前夫的争执中朝前夫扔了水果而被对方告到法院，以至于需要去做社工作为惩戒。

直至一年后，前夫才终于在财产分割协议上签字，其主要原因是两人在这场旷日持久的大战中两败俱伤。仅仅是一年左右的时间，两人在律师和法务、会计上的所有支出超过了 60 万美金，谁都无力再拉扯下去。

最终的财产分配对林贝并不有利：两人目前居住的房产卖掉之后一人一半，之前他们在美国共同购置的三四套房产全部归前夫，股票归前夫所有，公司的经营权归林贝所有，孩子的生活和教育费由林贝承担。

虽然不利，这个条件也已经达到了林贝的心理底线，她获得了解脱。至此，林贝的离婚大战正式落幕。

她在自己的社交平台上这样写：

在我目前为止 34 年的人生里，离婚，是我做过最自豪的一件事。在没有离婚的时候，我自己都不喜欢自己，我过的是虚假的人生。我的生活和我所相信的东西是完全背离的。

而离婚，是我真的面对自己，知行合一地，为自己的人生做出的决策。

这是一个我把我自己从一团混沌黑暗的泥沼里拽出来的过程。痛吗？当然痛，但是同时，只有痛，才能带来痛快。

我也终于能面对我自己，能面对爱我的朋友和家人，自豪地说，我还是他们认识的那个我。

这是我的英雄之旅。

3

确切地说，离婚应该是英雄之旅的起点。就像张爱玲在《小团圆》中所说："她有种茫茫无依的感觉，就像黄昏时出海，路不熟，又远。"

离婚对生活的影响是显而易见的。林贝和前夫原先居住在加州的富人区，房产价值 400 万美金；孩子读的是私立学校；他们几乎每个月都会出去度假，住的是利兹·卡尔顿或是四季这样级别的酒店；前夫每年会换四五辆跑车，基本都是法拉利、保时捷、兰博基尼。

现在，她是一名普通的中产妈妈，她的收入主要依靠经营自己的公司。曾经赚钱的服装生意已经过了红利期，现在公司几乎不盈利，但每个月有现金流。林贝从公司支取工资，这部分收入仅够负担她的生活费。而她还要照顾两个年幼的孩子，负担自己和父母一家子的生活。为了减轻自己的经济压力，她正在考虑把孩子转到公立学校。

传说中的"阶层下滑"就这样切切实实地发生了。它对很多人来说，是人到中年的噩梦之一，对林贝来说，尚在可以接受的范围之内。前几年公司赚钱，她有了储蓄，不论怎样都还过得下去，而住大房子、开跑车、买奢侈品这些东西，对她来说，远远没有自由重要。

现在，我和我爱的家人住在一起，吃完晚饭，还可以陪爸爸妈妈散散步；暑假、圣诞假期，姐姐一家会过来，我们的孩子们玩在一起；每周都和朋友们约约饭；随时和好朋友们在群里有一搭没一搭地吐槽；和朋友一起创作……"如果有一天我变得很有钱，就要把爱的人都留在身边"——这就是我对生命意义的全部想象，这就是我想要过的生活。

但经济的紧迫感始终像一片乌云，盘桓在她的头顶上空。曾经一度，她患上了一种"离婚后理财狂热症"。

她像很多带着勇气和决心走出婚姻的女人一样，心中有一个大女主的梦，想要干一票大的，然后一劳永逸。按照爽文的套路，离开了不如意的婚姻，接下来就要逆风翻盘，一路披荆斩棘，靠一己之力带着孩子走上人生巅峰了。

在还没有离婚前，她总是担心离婚后的财务状况，沉迷过一阵子期权交易，看了几本书，听了几个播客节目，上了几个课程，就觉得自己可以了。一通默默操作后，遇到了2020年美国股市大崩盘，手里的期权跌得一点儿不剩。打离婚官司期间，耗资巨大，一家老小样样都要花钱，慌乱之中，她将自己的很多积蓄投到生意中，结果全部沉底，不见水花。

以大笔经济损失为代价，林贝度过了"离婚后理财狂热症"的这个阶段。她意识到，运气并不会因为你做了一个了不起的人生决定，就突然降临到你的身上。生活的不如意和不容易，始终如一。离开了婚姻泥沼，你甚至少了一个推诿的对象，从今以后，所有的辛苦、难堪、失败、落魄，都只有自己一个人承担。

现在的林贝，非常清楚地知道自己对财富的需求是多少，她早已不再像年轻时那样，有向上的欲望，也看透了工作的本质。公司慢慢去做，能够生活就好。

孩子们比她想象中的更快适应了新的生活。离婚后短短一个星期，女儿们就接受了爸爸家和妈妈家的设定，并且很快就弄清楚了，这两天是去爸爸家，那两天是轮到去妈妈家。

一地鸡毛中，新的恋情在毫无预料的时刻到来。

在林贝的婚姻关系已经解除，财产分割官司尚在无限拉扯的阶段，几年前在她公司担任过主管的查利（Charlie）突然回来了。查利是日韩混血，很聪明，年轻时做过各种疯狂的事情。他带来了一个不错的商业计划，主动提出帮忙。

正深陷离婚官司、急需用钱的林贝当然接受了这个计划。一来二去，两人成为工作伙伴，终日厮混在一起。

混熟了之后，林贝发现查利实在是温柔又可爱，有点迷人。有一次在车中，她直接对查利说：我觉得我好像爱上你了……

查利说，那，也许我们可以试一试呢？

"什么？你对我也有同感吗？从什么时候开始的？"林贝觉得自己撩汉的过程未免太顺利了。

查利说，其实，我都不记得多少年了。当时你只要出现在办公室，我就会很不自在，只是我认识你的时候，你早就结婚了。当我听说你离婚之后，我马上就买了回加州的机票，并临时编排了一个商业计划，我不知道自己在做什么，只是想找个借口回来看你，尽可能地帮助你。

你看，人生不是爽剧，但也总有意外之喜。

刚刚结束一段狗血婚姻的她对新的爱情并没有抱太大的期望，带着一种摆烂式的心态在谈。因为她已经知道，一段爱情有开始，就会有结束，这是再正常不过的事情，与其期待长久，不如期待当下的每一天都过得尽兴。

"恋爱不是为了以后要一直一起走下去，而是知道恋爱这种事，即使万分珍惜，小心翼翼，以后也大概率有走不下去的一天。所以大家才不要在关系里委屈自

分离篇

己，每一刻都要做舒服的自己，肆意地表达和交流，爱一天是一天，向着分离的终点昂首阔步地走下去。"

这段向着分离的恋爱过去了一年多尚未结束。从查利表白的那一天起，他们几乎没有争执。现在查利和她的两个女儿、父母生活在一起。女儿们都很喜欢查利，相处得很愉快。父母和查利虽然语言不通，但因为查利很会修东西，家里有东西坏了，父母就会找他修，时间长了，也把他当成了自己人。

这段感情，成为她生活中的重要滋养。

4

这段英雄之旅不仅影响了林贝，也影响了她身边的人。

林贝的姐姐大林贝十岁，在国内的时候就在高校工作，去了美国之后，她拿到了终身教职。她从毕业之后就一直待在大学的象牙塔里，是一个纯粹的理想主义者。姐夫是一个天才少年，很小就考上清华大学，后来又留学美国。

孩子出生后，他们在孩子的教育上产生严重的分歧，直至分居。在林贝离婚期间，姐姐二话不说就带着孩子来到加州，给了她最大的支持。一年后，姐姐也毅然结束了长达十八年的婚姻。

林贝和父母摊牌要离婚的时候，妈妈哭得死去活来，结果一年后姐姐说她也要离婚时，妈妈淡定地说："行吧。"

在林贝的身边，像这样婚姻中并没有出现第三者，完全是因为性格和相处而导致离婚的情况越来越多。这样的婚姻，往往在外人看来令人羡慕，但婚姻中的当事人，已经到了无法承受的地步，最终通常是女性提出离婚的要求。

从着手离婚开始，林贝在社交媒体上注册了一个新的账号，事无巨细地分享离婚的全过程——作为一个有充沛表达欲的人，这一场硬仗，她必须有一个渠道去诉说。

没有想到的是，这个账号吸引了越来越多的粉丝，林贝无心插柳地成了一名"离婚博主"。到后来，这里不再是个人的树洞，她在这里收获了很多有同样经历的朋友的支持，也给了很多女性向前一步的勇气。最让她感到开心的是，有的读者给她留言：看到你的离婚段子写得这么好笑，让我觉得离婚也并不是一件那么可怕的事。

如果自己的经历能够给他人带来一点勇气，便是这件事最大的意义。

因为写作，林贝认识了很多单身妈妈，她们的生活之精彩超乎想象。其中有一个女生叫凯茜（Cathy），她是一个从骨子里自信的人。今年40多岁的凯茜，非常漂亮，非常有风情，她人生的准则是始终要过得开心自在，委屈自己心意的事情，半点都不做。

假期，前夫带孩子去度假，凯茜自己一个人飞去巴黎，而她的目的只有一个，就是会一会巴黎男人。在巴黎几天，她紧锣密鼓地安排了与三个不同气质、不同背景男士的约会，带她全方位地感受巴黎这座城市。

像这样兴之所至的事情充满了凯茜的日常。

东亚的单身妈妈有一个共同点，就是在自己的能力范围内，总想给孩子最好的，也时常会因为离婚而对孩子抱有"负罪感"。这一点，凯茜也想得非常透彻，"妈妈们啊，都应该学学爸爸，不要为孩子付出太多了。不管孩子小时候是谁劳心劳力带大的，等他大了，都会去亲近那个社会成就更高、资源更多、他更敬佩的家长。所以，与其拼命给孩子投资，妈妈们最重要的还是投资自己"。

像凯茜这样充分享受单身生活的离婚女性已经越来

越多。她们大多拥有不错的经济条件，保养得当的外形，有趣、聪明，还有自己的孩子，简直位于"感情食物链"的顶端——她们在一段关系中除了快乐，几乎别无所求。

据林贝的观察，在北美，单身妈妈开展一段新的恋情，或者是一段新的亲密关系并不困难。在这里，离婚后，对于抚养孩子的母亲，法律会判给她更高的赡养费，这让她们有一个基本的生活保障，经济往往决定了一个单身妈妈生活的下限。

而决定她们生活上限的，是意识。当她们意识到在关系中不再是第二性，完全以主体的姿态去追求自己的快乐时，曾经在感情中的患得患失消失了。她们接受自己可以按照自己的心意自由生活，接受享受快乐无须有负罪感，接受自己可以追求自己喜欢的人，也接受追求的人有可能不喜欢自己，接受失恋大概是人生中最微小的痛苦……

在国内，这样的群体也不再少见。林贝还发现一个共性，就是离婚后如果能再进入一段稳定的亲密关系，通常这个对象早就出现在她们的生命中，只是以前维持着一个不远不近的关系。

所以，永远不要放弃自己的生活，你不知道何时何地，谁会被自己吸引。林贝说。

有一天，林贝在听老王乐队的歌《我在爱情的尽头看见了你和我》时，听到一句歌词：

现在亲吻你嘴角的或许不是我，或许你和他，就像你和我。

她的脑袋里"叮"地一下亮了，悟到了一种终极的爱情观。

如果你真正爱过，在路上看到甜蜜的情侣，绝不会想"好恶心！秀恩爱！"，而是也会被他们的爱意感染。也许这对情侣过不了几个月就分手了，但他们在甜蜜对视的时候，的确可以感知爱的存在。

爱就像一种流动的能量，它会穿越人群，在人们的心上或长或短地停留，然后流向下一对恋人。爱一直存在，爱永恒流动。

林贝甚至在某一次亲吻的时候，脑海中浮现了无数对正在亲吻的恋人，每一对都不尽相同。她感觉自己消失了，对方也消失了，他们汇入了这些恋人当中，变成了爱情的符号。

所以，分手了就要否定爱情吗？不需要，爱是一种人们只能体验而不能占有的东西。事实上，所有美好的东西都只能体验而不能占有——山川湖海，明月清风。它们永远在那里，你也许再也回不去了，但总有人有机会靠近它们，感受你曾经感受过的美好。

　　我们终将分离，但总有人正相爱。

分离篇

> *我倒是不介意女生都去离一次婚。倒不是说女生都要去离一次婚，而是离婚了咱也不怕。*
>
> *——佟晨洁*

佟晨洁　　有些事情是离完婚才敢做的

　　2021 年播出的《再见，爱人》第一季是一个现象级的综艺节目。当时市面上的恋爱综艺很多，大部分是看年轻男女怎么谈恋爱，婚姻观察类的节目也很多，但《再见，爱人》另辟蹊径，邀请的是经历了婚姻危机的夫妻，比如已经离婚或者正处在离婚冷静期的嘉宾，唯一一对没有决定离婚的伴侣佟晨洁和魏巍（KK），也正处在婚姻七年之痒的关头，矛盾重重。

看上去这是一档"讲述分离"的节目，大概会充满争执、破碎，却在具有强大感知能力的女性制片人和导演刘乐的制作下，变成了一档具有治愈、滋养效果的离婚综艺。

第一季的三位女嘉宾，无论是文艺而多情的郭柯宇，强大而清醒的佟晨洁，还是梦幻而不断成长的朱雅琼，她们都很真诚，毫无保留地展现出了女性在婚姻中可能面临的种种困境。她们对爱的渴望，所经受的困惑和挫败，或许正在每一个普通人身上切切实实地发生。

第一季的最后一集是一个华彩篇章。这三对曾经的爱人，有的选择继续携手面对婚姻中的一个个难题；有的决定乘坐两辆方向相反的房车渐行渐远；还有的深情相拥，并非意味婚姻可以继续，而是对曾经的动心的一个肯定。

无论如何，这都带给我们安慰，它告诉我们，曾经的爱真实发生过，一段婚姻的结束并非因为我们做错了什么，而是因为人和人的相遇、离开都是常态。

一档综艺节目，如果能够让社会对婚姻，对离婚这件事有更多的讨论和思考，已经算是不辱使命。而对参加这档综艺节目的三对嘉宾来说，就更有价值。大部分参加了第一季节目的嘉宾，尤其是女嘉宾，都人气暴涨，接到了很多新工作，她们的情感生活，也愈来愈顺畅。

在《再见，爱人》第二季刚刚开播的时候，我和第一季的女嘉宾佟晨洁有了一次聊天。她非常坦诚地讲述了自己对婚姻、对亲密关系的理解，以及参加完《再见，爱人》之后，她和KK的关系发生了哪些变化。

以下，是我和佟晨洁的对话。

当情感向公众坦诚之后

伊登：最近《再见，爱人》第二季热播了，你自己看了吗？

佟晨洁：我昨天刚和KK一起看了，可以跟大家先透露一下，我大概在第十天还是第十一天的时候会作为飞行嘉宾出现，所以对这些嘉宾的情况有些了解。我会去看一下他们一开始的状态，中间关注一下他们发生了什么事情，最后再印证一下我的看法。

伊登：你在这方面的直觉准吗？

佟晨洁：我以前觉得很准，就是人越年轻的时候越觉得自己识人断事特别厉害，见到一个人，最好马上给他三个词总结他的一生，但是后来发现根本不可能，你越了解人，见的人越多——特别是参加了《再见，爱人》第一季的真人秀之后——就越觉得，人真的是太复杂了。特别是牵涉到情感的时候，非常复杂，可能他们自己都不知道的一些事情，你再慢慢地跟他们一起去发掘出来。所以我现在根本就不敢说这个人是什么样的。

伊登：对，而且因为情感不是一个人身上发生的事情，两个人互相也会产生很多的作用，所以说这个变化就更加难预测。《再见，爱人》第一季的时候是怎么会想到要邀请你上这个节目，你的反应是什么？

佟晨洁：当时就是自己的关系也处于一个转折期，然后正好有这样一个节目。其实一开始说是个综艺，我们俩的属性也还适合，但是没有人知道这个节目到底是什么样子。就是又有旅行，又可以有一些深度的交流，也有别的嘉宾，KK一开始甚至都觉得他是做主持人去的，就是有这样一个错觉。但是他确实也起到了一些承上启下的作用。真人秀这个东西很奇妙的地方在于，你真的是把你的一生都"奉献"进去了，你不是在当时当下的一个心境，你的经历、你对这个世界的看法如果没有到这个地步的话，你是不太可能在真人秀当中去展现出你真实的情感和你真实的样子的，去之前真的没有想太多。

分离篇

当时我们的婚姻确实存在这样那样的问题，也考虑过是不是要分开，那个时候还是有一个比较良性的沟通，但是你又会觉得日常生活中一直会有一些让你不舒服的地方。那是我们结婚的第七年，正好所有的不舒服的地方都开始爆发，也会考虑那要不就干脆彻底分开，就处在这样一个状态。

伊登：你觉得在公众面前去坦诚自己的情感是一件困难的事情吗？你会有顾虑吗？因为谈论到情感的时候，不光涉及我自己，可能还涉及我的另一半，他会不会有想法，或者大家会不会对我有想法之类的。

佟晨洁：对大部分人来说肯定是困难的，对我就还好，有可能我年纪小的时候经历父母那一代的分分合合比较多，我其实心里会有一颗叛逆的种子，就是为什么不让我说，为什么我周围的人不能知道我真正的家庭状况是什么样子，我说了又会怎么样。后来慢慢成熟之后，很多的事情也会来印证你之前的想法，你会更明确地知道我去公开说或者说我去坦然地面对大家，这件事情给自己带来的后果是什么。关于你说的涉及另一半，其实我倒觉得另一半跟你生活了那么久，你们互相是会有一种默契的，即便分开之后也是有一种默契的，就像你很多年的好朋友一样——跟男女没有关系——这是人和人之间的一种信任感。互相打一个招呼，尊重一下就可以了。而且这个事儿对于我们来说是你不公开也不行的，从第一次谈恋爱开始，从我 20 岁出头的时候就是被人一直在关注的，但是我也没有被这种状况困扰过。我觉得大家可以知道，但是该怎么做，我自己做决定。

伊登：其实现代的离婚率已经非常高了，离婚这个现象对大家来说绝不罕见，为什么大家在提到离婚这件事时，仍然会有一些顾虑？

佟晨洁：之前我和一位非常成功的综艺导演聊天，正好聊起这个事儿，一开始大家只是一种非常表面的聊天，说一些工作的事，后来说到我参加了这个节目，他就说，是吗？有这样的节目吗？

然后就开始聊彼此的婚姻。也没有聊我的，因为我的已经非常明显了，他就开始说自己的婚姻也会有各种问题，一下子就聊得特别深入。他说可能我们生活在大都市，大家对分分合合都看得比较正常，也没有人会来教训你，但是在相对比较保守的地方，大家还是会对这个事儿特别地在意，包括结婚也是一件特别大的事儿。但是我觉得这只是反映了大家对这个事认知的不同阶段，也不代表什么。

伊登：我看第二季里面，嘉宾易立竞出来以后，她就挺直接地说"我有过一段婚姻",非常直接地公开了她的婚姻状况。包括孙怡也是的,有没有觉得现在大家对于这件事的阈值稍微高一点了,可以更加坦然地去说这些了?

佟晨洁:这是一个趋势,我们开始变得可以在一些公开的场合、媒体去讲自己现在情感的一个状态,我觉得这是一种非常诚恳的表现。观众可以自己去判断这个事情,而不是我们避而不谈这个事情。

如果所有人在公众面前都很忌讳去谈论情感的话,可能公众看到的都是一个粉饰太平的状态,他反而会有一种自我认知的偏差,你们的婚姻怎么都是美好的,到我这就有那么多问题?但是如果大家都把这个事摊开来说,你可以选择自己看到什么。如果你觉得自己是向往美好婚姻的,就也有美好婚姻的先例,我也想要这么去做;你的婚姻遇到了各种问题,可以代入说我也有问题,我们有共鸣;有人说我就是离婚了,或者说我不想再结婚,我就是单身,那也有人可以代入自己。就是有各种各样的状态呈现在你面前,你不会觉得只有自己面对情感中的种种问题,大家可以更好地去找到自己的参考。

伊登:我觉得比较坦然地去公开自己的状态,对我来说是一件挺舒服也挺重要的事情，倒不是说一定要去告诉别人我单身还是我离婚了，只是我不喜欢这种需要去掩饰自己状态的感觉。

佟晨洁：比如像我母亲这一代，大部分人还是对离婚这件事讳莫如深的。但你反过来想你的亲朋好友都知道了，为什么我学校的老师不能知道，我的同学不能知道，对吧？他们知道了会把我怎么样呢？

伊登：有没有可能，当你坦然说出来之后，并没有收到什么不好的反馈，反而得到了很多人的理解，或者对你的生活有更正向的影响？你之后也会更加坦然。

佟晨洁：关于这一点，以我自己为例，我第一次离婚的时候，我觉得反而是一个清洗我朋友圈的时候。就是在我看来，所有人生的重大变化时刻都是让你能够更好地去找到属于自己真正的朋友和亲人的一个时刻，你会发现一些人的态度开始变化——当然大部分都是非常好的，可能随着这段关系的逝去，你会失去一些朋友，但是同时你会得到更多的好朋友。

"真人秀是很难故意的"

伊登：你刚才说在真人秀里，它反映的是你这一生的情感模式，你觉得在真人秀上大家的真实度是很高的吗？

佟晨洁：我觉得是很高，因为故意不了，做人设的这个事你是做不了的。

其实一个普通人，哪怕不是在真人秀的场合，没有镜头对着你，你也会对你刚刚认识的人去隐瞒一些你自己的事情，或者说表达出我这个人还比较美好的一面，对吧？这是人之常情。

但是在《再见，爱人》里面，这个十八天的旅行——我觉得天数非常奇妙——好像到了第九天、第十天的时候，你会突然觉得我融入了这个环境，我开始感到安全了，周围的这些人，他们是我的好朋友，我可以跟他们说很多心里话了，是会有这样一个转折的。所以你看节目的前几期你会觉得是雾里看花，觉得看不清他们到底是怎么回事，但慢慢地就会显露出来了，我觉得这也是真人秀一个有意思的地方。

伊登：在第一季里面，观众的心态是那种希望你们好好在一起的多，还是说有很多人希望你们赶紧离了？

因为现在有一种舆论，就是希望"姐姐独美搞事业"，恨铁不成钢的这种。

佟晨洁： 都有，有的纯粹就是看热闹，说你最近怀孕了没有？KK喝酒了没有？我觉得都很正常，有人关心你，我觉得也挺好的。但不要觉得他们会影响你，你所有的生活都是自己在过，你的感情状态你自己最清楚，不需要别人来告诉你。

伊登： 所以你在看到那些弹幕上面的评论时，对你没有产生太大的影响？

佟晨洁： 没有，但是KK会受到影响，因为骂他的太多，或者说曲解他的太多了，他觉得自己被曲解了，因为现在的大家的意识里肯定是比较保护女性的。

后来我跟他也深入地讨论过这个事情好多次，然后我们发现，其实产生这个结果的原因非常简单，就是没发挥好。有些话别那么说就会好很多，或者说他当时没有那么稳定的核心，人在没有彻底想明白一件事情的时候，说出去的话会语无伦次，甚至前后矛盾，所以上真人秀难就难在这里。每个人的人生阶段不同，如果是五年前让我上节目，我可能也是语无伦次的，但是我在上《再见，爱人》的时候是一个我自己已经想得比较明白的状态，所以你会觉得佟晨洁"人间清醒"。

对观众来说，可能每个嘉宾的成长阶段不同，会有一个参差性，更具观赏性，但是对我们自己来说，要清醒地去深挖这些现象后面的原因，我觉得把它挖出来就好了。所以 KK 现在会好很多，一开始他会怀疑自己，觉得自己真的有那么差吗？真的是个"渣男"吗？为什么以前从来没有人那样说过他？

伊登：我们刚才上楼的时候就刚好看到 KK 了，觉得好亲切。就是看真人秀一直看到他，忽然间他真人出现在你的面前。那一刹那间我觉得看再多的真人秀，都比不过这个人真真实实地和你相处几天。观众可能看看然后随便骂两句，但是你们才是真正在一起过日子的人，这种感情是不一样的。

佟晨洁：是的，所以你要很清楚观众视角是观众视角，我们提供了大家的谈资也好，话题也好，对于观众来说只是生活当中很小的一部分，关键是不要让它影响到我自己的生活。

"我是有解题思维的人"

伊登：你们现在的感情状态怎么样？

佟晨洁：现在还是比较轻松的，比如说我在苏州拍戏，他在横店拍戏，他有时间就过来看我两天。等到我们戏都拍完了，我们就会在上海或者北京见面。现在把孩子的事情放一放之后，就会觉得很轻松。

伊登：所以生孩子这件事是已经放在一边了，还是顺其自然了？

佟晨洁：目前是决定不要的。

伊登：KK能够下这个决心吗？

佟晨洁：我觉得他还是比较能够跟上我的思想。

伊登：哈哈哈，你好成功。

佟晨洁：我就跟他说得很实际，如果生了之后会怎么样，我们来分析这个情况。如果你觉得这个道理不通，你也可以讲出你的道理来，如果你的道理能够说服我，我们也可以讨论。

伊登：我在看节目的时候，中间有一段你们冲突比较厉害，比如说因为喝酒有矛盾的时候，我看得还蛮气的，觉得要是换了我就不过了；但是到后期看到你们又磨合得还不错，直到现在你们的关系反而渐入佳境了。在一段婚姻中，你觉得到了什么样的程度，是到了你的底线了，或者说一段婚姻，你觉得它只要还有什么东西，你就觉得还是可以去努力一把的？

佟晨洁：我这个人一直是有解题思维的，就是再难的题我都倾向于把它解决掉，所以我的两段婚姻都是我们会在比较短的时间内就达成一致，说我们要去走结婚这条路。可能这和我的性格有关系，我觉得我一旦要进入一段关系的话，是要有一个比较清晰的目标，并且朝着这个目标去行动。

结婚之后的目标，如果是我们要一直走下去，我们就来想办法一直走下去。我一直相信一句话，如果两个人都想走下去，你们一定有办法，但是如果有一方觉得怎么也不行了，我们就来讨论不行的方法。

对我来说，这是一个很开放的状态，我都可以。好的婚姻就是你随时有离开的自由，你也有留下的自由，你拥有这份自由的感觉，才能够在婚姻中非常自如地做自己。

伊登：你现阶段会有什么觉得是自己想要去面对的问题吗？

佟晨洁：没有什么特别需要面对的问题，就觉得现阶段还挺自洽的。

我特别想对女生说的是，如果这个男生真的喜欢你，他肯定会来找你的，这点我觉得毋庸置疑。但是你怎么能够做到让自己在这段过程中不煎熬不难受，其实就是需要内核的支撑。你首先对自己要有一个认知，知道自己是谁，有什么。比如说你有容貌也好，有身材也好，有学识也好，有吸引人的地方也好，你要很清楚地了解自己，有了这些东西在这儿，这个人是跑不掉的。然后你可能还需要有很多的朋友，有很多兴趣爱好，有很多其他想要做的事情。最后，这个男生我是很喜欢，但是如果他达不到你的某一些要求，比如说他都不主动来找你了，是不是这个人就可以考虑不要再出现了？有一些你自己的底线你得定好，这些底线我们把它叫作能量，这种能量的来源是什么？其实就是你自己的一个强大的内核的支撑。

"相信爱是我的底层逻辑"

伊登： 看到那些年轻的女孩子你会着急吗，如果她们在感情的世界里太消耗自己的话？

佟晨洁： 有一点，有的时候觉得她们在纠结的那些东西，在我现在看来是毫无必要的，当然我在年轻的时候也确实经常问这种事情。

伊登： 有一次我过生日的时候，我们几个女生在一个饭店里吃饭，隔壁就有一桌，好几个很年轻的女孩，一直在聊一些情感上面的烦恼，我们就忍不住听了一下。后来我们走的时候，我朋友在餐巾纸上写了一句话："妹妹，不要把太多时间花在同一个男人身上。"我把它放在我的礼盒里，结账的时候让服务员送到那一桌，我们就走了。也不知道她们看到之后会有什么感觉。

佟晨洁：她们大概会觉得很幸运吧，这就是女孩子之间的一种浪漫。其实我是比较倾向于大家像众议院一样来讨论我的感情，我也很喜欢和很多人讲，我一点都不排斥这个事情，不论别人说好还是不好，我都觉得挺自在的。

伊登：这大概是女生之间的一种默契，就是几个女孩子在一起，很自然就会讨论情感这些事情。

佟晨洁：有一阵子我的签名是：Act like a lady, think like a man.（像女士一样行动，像男人一样思考。）就是有时如果你在情感中想不通的话，可以站在男人的角度去想一想他们会怎么做。总之无论如何，我们女生也不能丢范儿，在一段关系中，我体面地进入，体面地离开。

我一直觉得人生是由爱组成的，就是你得相信"大爱"这个东西是可以解决你的很多问题的。如果你是带着"恨"去看这个事情，"恨"是很有力量，它有时能让人做出惊天地泣鬼神的事情，但是它不是一个持久的情感，人到最后的情感还是爱。在一段关系中，即使它已经是一个不好的结局了，你仍然可以选择用爱的方式去面对。

伊登：对，所以爱这个东西到底存在还是不存在，无非就是你自己怎么去解读它。

佟晨洁：相信爱是我的底层逻辑。

伊登：之前我看梁永安老师的书，他说了一句蛮有意思的话，他说现在的中国需要一批"优秀的离婚人"，因为随着离婚率越来越高，我们也进入到这样一个社会状态中，就是人在情感上、婚姻上的流动比以前更快了。包括之前我看《脱口秀大会》上的思文和程璐，我觉得他们两个人，就还蛮称得上是优秀的离婚人的，虽然说他们的婚姻关系已经结束了，但是脱口秀又把他们两个联系在一起了，他们仍然可以用另外一种方式相处，说明这两个人的世界是很大的，不是只有情感这一部分。

所以你是和前任还能做朋友的人吗？

佟晨洁：可以做朋友，我们隔三岔五也会说两句话，但很难达到一种深层次的交流。

因为你会发现，一旦跟前任分开，他不在你的交流频道一段时间之后，你再去跟他聊天，你们就不在一个轨道上了。反过来说，这也验证了我们为什么会分开，就是因为我们的思想没有办法在一个轨道上运行。

"我不介意女生都去离一次婚"

伊登：有没有觉得离完婚之后，女生反而进入到一个比较自由的阶段？

佟晨洁：是这样的，我倒是不介意女生都去离一次婚。倒不是说女生都要去离一次婚，而是离婚了咱也不怕。

因为女生容易有幻想，也容易心软。这种心软有的时候不是对男生心软，是对自己的家庭心软，特别是女生的牺牲精神，这个时候就跑出来了。

但如果你离过一次婚，首先从经验上说你已经很清楚了，你会多喜欢一个人，喜欢到跟他结婚，然后又发生什么事情可以让你们分开。结婚离婚对于人生来说，是一个很大的事情，你经历过了之后，就会更正常地去看待这件事情。

伊登：我觉得这个观念特别好，因为很多事情你是只有在离完婚以后才敢去做的，比如说随心所欲地约会，你在结婚前，二十几岁的年龄是不敢去做这种事情的，因为你的试错成本太大了。反而是离完婚之后，对婚姻的幻象已经打破了，也多少有了独立生活的能力，才有可能完全从个人意愿出发，去约会自己喜欢的人。

佟晨洁：所以归根结底女生还是要把主动权抓在自己手里，要有一种主人翁的心态过自己的人生，要不要结婚是我的选择，要不要生孩子是我的选择，要不要离婚也是我的选择。

伊登：所以你觉得你现在已经基本上获得了最大程度的自由了吗？

佟晨洁：是的。

爱
的
随
想
碎
笔

爱情是如何产生的?

对每个人而言，爱情的意义都是不一样的。对我来说，爱情中，最重要的是敞开以及被看见。

史铁生对爱情的描写是这样的:

爱的情感包括喜欢，包括爱护、尊敬和控制不住，除此之外还有最紧要的一项：敞开。互相敞开心魂，为爱所独具。这样的敞开，并不以性别为牵制，所谓推心置腹，所谓知己，所谓同心携手，是同性之间和异性之间都有的期待，是孤独的个人天定的倾向，是纷纭的人间贯穿始终的诱惑。

看完这段话，我忍不住隔空和史铁生相拥。

敞开的前提是懂得，不评价，不指责。在对方面前，毫无伪装，不用粉饰。

知道了我对爱情的要求之后，就可以去找到符合要求的人。他需要满足两个条件，第一，他符合我的标准，也就是俗称"看得上"；第二，我可以通过他看到我自己，即他关注我，看得到我。

什么样的人能够达到标准？

如果把对象的标准粗略地分成三大类：1.外形，即身材颜值；2.充沛的灵魂，不空洞不乏味；3.社会性，即有钱有社会地位。用叔本华的话来说，前两类是人之所是，即这个人自身所拥有的佳品，第三类是人之所有。这三类，第三类我是可以放弃的，基本上我喜欢的人中很少有世俗意义的成功人士，大部分都是游离在主流社会之外的，这可能是我的潜意识，觉得一个人能够成为"社会精英"，是高度社会化的，放弃了一些天真本性的地方（当然我最近也在反省这个结论是不是太武断）。但1和2都是我的硬性标准。符合1，性吸引力才会产生，身体才能交流，符合2，精神才能交流。满足1和2这两个条件，

爱的随想碎笔

我就可以对他有动心的感觉，只要产生了感觉，就可以开始互动。

说白了，我是需要有一个我看得上的人，借由他的眼睛，看到我自己。爱情并不一定意味着付出，往往你爱上一个人，首先意味着对他的占有——对他时间或注意力的占有。

如果我的身上也刚好有他渴望的部分，相爱诞生了。

关于敞开

我有两年心理咨询的经历，其实当时并没有很大的心理问题，但是我非常喜欢这种每周一次毫无保留谈论自己的感觉，一直到我觉得钱需要花在更重要的地方时，才停止了咨询。

如果说"爱情"的终极目的就是找到一个可以名正言顺互相敞开、一对一的伴侣，其实和心理咨询在某种程度上起到的是相同的作用。

友谊也有部分同样的功能。很多爱情是在友谊的基础上建立起来的，但爱情比友谊产生的条件更严苛一点。友谊和爱情的区别在于友谊不是一对一，同时也不会产生性

　　　　　　　　爱的随想碎笔

吸引力。

我几乎在人生的每一个阶段都有一个非常好的同性朋友，她们部分承担了伴侣的功能。我对她们无比信任，无所不谈，只要和她们在一起，即使失恋我都不会觉得非常难受。

但随着环境的变化，人生阶段的不同，很多友谊都会无疾而终，当时的感觉和失恋差不多。有一阵子我非常喜欢陈奕迅的《最佳损友》，"严重似情侣讲分手"，里面的歌词我实在太有共鸣。以前想不通为什么好朋友会突然冷淡，现在明白了，浓度很高的友情和爱情其实很像，也是会慢慢淡掉的。

如果没有心理咨询师，没有爱情，也没有密友，写作也是一种敞开的方法，在写作中，我尽可能保持百分之百的真诚和警醒。还有一种方法，就是每日的散步，那个时间可以专注又放松，是自己对自己的敞开时间。

最危险的念头

苏珊·桑塔格在她的碎碎念笔记《心为身役》中写：

爱上（*l'amour fou*［"疯狂的爱"］），爱的一种病理
学变体。爱上＝瘾、痴迷、排他、对当前状态贪得无厌的
要求、其他兴趣和活动瘫痪。

这种状态是不是非常熟悉？

每次我只要陷入爱河就是这样，我眼中只有他，觉得
他是世界上最美妙的人，只有和他在一起我才快乐，其他
所有的人和事都可以让步。

爱 的 随 想 碎 笔

从头到尾翻看一遍苏珊·桑塔格的书，她几乎对每一个情人，都反复出现这样的情绪，伴随着剧烈的痛苦。

在爱情中我总是经历这样的模式：双方互有好感—暧昧—热恋—无与伦比的快乐—一方开始冷淡—另一方需求感爆棚—一方开始不耐烦—出现矛盾—激烈地争执—分手。

对任何一个人来说，只要你产生了类似"他 / 她对我而言意义重大，我只想和他 / 她在一起，只有和他 / 她在一起，我的人生才会幸福"这样的想法时，就是最危险的时刻。只有当你放下强烈的需求感时，才有可能给自己也给对方一个舒服的关系。

而需求感这个东西，和你自身的价值是没有直接关系的。苏珊·桑塔格已经是美国当代最著名的评论家和知识分子，她的成就远远超出她的情人们，但看上去在感情中更脆弱的人却是苏珊。

我只能说，它往往是与生俱来，似乎更关乎一种血液的特质，是我们这一类人天生的印记。我们唯一能做的，是学会控制自己的情绪，学会避免让自己被那团炙热的火焰灼伤。

经常有人会问我，人真的可以控制自己的情绪和需求感吗？我以前觉得不行，现在觉得可以，只要找回内心的平静，就可以。

你想要的是爱，是关系，还是某个人？

看上去，都是在寻找亲密关系，但差别又很大。

如果你只想要这个人，即使他／她不爱你，你看到他／她，和他／她在一起就会生出满心欢喜，只要他／她回复你的消息都会兴奋。即使纠缠，只要和这个人扯上了关系，都能带来快乐。

如果你想要的是一段关系，例如婚姻，例如一个可以公开的关系，那么有太多的技巧教你如何去得到婚姻，如何去经营关系。

如果你想要的是爱，那么，史铁生说：

爱是软弱的时刻，是求助于他者的心情，不是求助于他者的施予，是求助于他者的参加。爱，即分割之下的残缺向他者呼吁完整，或者竟是，向地狱要求天堂。爱所以艰难，常常落入窘境。

所以"爱的奉献"这句话奇怪。左腿怎么能送给右腿一个完整呢？只能是两条腿一起完整。此地狱怎么能向彼地狱奉献一个天堂呢？地狱的相互敞开，才可能朝向天堂。性可以奉献，爱却不能。

得到一段关系，或者一个人，虽然难，但都不算最难。唯有爱最难，因为其不可以用任何的心机，唯有对方的心甘情愿才可以圆满。爱是人间最矛盾的一件事，唯有软弱者才会爱人，而软弱者又那么不可爱。

施爱者与被爱者

在爱情关系中，双方好像永远都不会平等，即便平等，也只存在于刹那。

卡森·麦卡勒斯在《伤心咖啡馆之歌》里面写过一段话：

世界上有爱者，也有被爱者，这是截然不同的两类人。往往，被爱者仅仅是爱者心底平静地蕴积了好久的那种爱情的触发剂。每一个恋爱的人多少都知道这一点。他在灵魂深处感到他的爱恋是一种很孤独的感情……任何一次恋爱的价值与质量纯粹取决于恋爱者本身。

这曾一度让我绝望，它意味着在一段关系中一定有一个人会爱得多一点，有一个人会爱得少一点，这个世界上到底存不存在平等而不失衡的爱情？

　　人们常常觉得，被爱是幸福的，我却觉得施爱者在关系中获得了更大的快乐，被爱者什么都不需要做，只存在于那里，就可以给他 / 她带来莫大的幸福。只是代价是，你有多快乐，就有多痛苦。

　　你想做施爱者还是被爱者？这哪里由得自己选，被爱易得，遇见自己想去爱的人却千载难逢。遇见了，就爱吧。

爱 的 随 想 碎 笔

个体与群体

一个人是不是受欢迎，和个体的素质、魅力有关系，但更重要的决定因素，是整个市场的供需关系。

同样的一个人，放在不同年代（哪怕前后只相差5年）、不同地区，甚至是不同性别的市场上，所受到的待遇就可能天差地别，但很多人往往不会意识到这一点，他们更容易将此归功于个人魅力。

意识到这一点能有什么用呢？

如果有自由流动的能力，就去找自己更受欢迎的市场，如果无法流动，那么至少懂得，一时的抢手或者受挫都只是时代的潮水，守住本心，也善待他人。

唯有老友地久天长

友谊浓度很高的时候，是完全可以支撑一个人的情感需求的。

我在荷兰留学时，求学的那个城市很小，总共只有五万人，是一个大学城。城市很平坦，只有四栋高楼拔地而起，是宿舍楼，所有的学生都被分在这四栋楼里住。

我们几个好友每天一起上学，放学，去超市买菜，挑一瓶两欧元的酒，下了课去某个朋友家一起做饭，吃完喝酒，聊天，回宿舍睡觉。每天除了独自睡觉，其他时间基本一睁眼就和朋友厮混在一起。

我当时有一个非常好的女朋友 S，我们总是一起做很多事。下课的时候，我们一起出去抽烟，她总是喜欢问：Can I share one cigarette with you?（我们能一起抽支烟吗？）我就会很高兴地说，sure.（当然。）我们一起抽完一支烟后，有时她接着又抽一支，那么我再抽她的。就在这种你抽抽我的，我抽抽你的互动中，完成了课间休息。

我们还有另一个朋友，是一个很细腻的俄罗斯男生安德鲁（Andrew）。他其实不抽烟，但他喜欢和我们在一起，为了更好地融入我们，他会让我们留最后一口给他。我想这大概就是友谊吧。

记得有一段时间，我每天放学都有事情，没有和他好好聊天。有一次下课，他特意来找我，认真地问我："我们有一段时间没有聊天了，我们的关系没有改变吧？"我吃了一惊，说："我们很好，我们是好朋友。"他心满意足地走了。

某天，我们照例在公共厨房做饭，喝酒聊天的时候，安德鲁给我们放当时的俄罗斯流行金曲，旋律非常好听，歌词一句也不懂。每放一句，他就翻译成英文，温柔地念给我们听。我们各自翻越了山海，顺着意识的洋流抵达到一处。歌唱的是情侣之爱，虽然在场的四五个人，没有一对是情侣，那一刻，我觉得，这一定就是爱。

临近毕业的时候，大家约好写"snail mail"（蜗牛信），交换了国内的地址，相约用最传统的方式寄信，交流近况。最初的几年，我一直能收到大家来自世界各地的明信片和手写的蜗牛信，后来慢慢地大家写得少了，直到我搬了家、MSN被弃用之后，这些人终于消散于人海。

除了无法选择的亲情，友谊和爱情都是自己可以选择的。爱情往往伴随着占有，伴随着激烈的爱欲和痛苦，而友情更轻松，也更无害，没有任何副作用。在有选择的前提下，和老友在一起，总是更快乐。

女性作为一个漂泊性别，在历史上很长一段时间是没有自己的家的，她甚至没有建立友谊的土壤。想要建立友谊，首先必须是一个独立的个体，有属于自己的社会空间，很多女性在结婚后就不再与婚前的朋友来往，大多出于这个原因。她的时间、她这个人，首先是属于家庭的。

此外，友谊很难索取，主要靠双方互相吸引，能够长久的友谊大多有共同的价值观做基础，以相处愉快作为辅助，它随时会散，如白云苍狗，不可强求。

　　　　　　　　　　爱 的 随 想 碎 笔

但我也认识了越来越多重视友谊的朋友，在她们的人生选项中，朋友不会排在家人和爱人之后，她们甚至早早认识到，父母会走，儿女会远行，伴侣不可靠，唯有老友地久天长。

无条件的爱

平生第一次做妈妈，做得磕磕绊绊。

女儿小的时候，第一次一个人带她从上海开车回南京，把她绑在后排的安全座椅上，怕她坐不住，在她身边堆满了各种零食。三四个小时的车程，中途停一次服务区休息一会儿。她不吵也不闹，不管什么时候回头看她，她都笑得天真又无畏，让我也生出了勇气。那一刻，我觉得她是我的小搭档。

上了小学，周末两天被各种补习班、兴趣班填满，我的时间也被这些班切得支零破碎，终日奔波在上课下课的路上。到了周日的晚上，陪她上完课回到家，吃完晚饭，

爱 的 随 想 碎 笔

她才如梦初醒般拿出一份要改的作文，顿时一股恶气从胸中升起，再也无法忍耐，把她痛骂了半个小时后，我说我要上床睡觉了，让她自己完成作文，几点写完几点睡。到了将近 12 点的时候，房门被打开，一个小人的头钻进来，说写完了，也洗完澡了，和我说晚安。怒气消失了，取而代之的是心疼。她关上门时，说，love you, mom ——是每晚临睡前我们都要互相说的话。Love you, too, 我说。

不想工作的时候，我常常说，我们把房子卖了，换个小一点的吧，以后留给你，好不好？她说好。我说，你怕不怕住小房子？她说，够睡就行了。我说，如果你的同学到我们家，说你们家怎么这么小呀，你怎么说？她说，那我就不带她到我家。

我在她学攀岩的场地隔壁报了舞蹈班，这样我们可以同时上课，她就经常带着同学隔着玻璃围观我跳舞。下课后，我问，我跳得好看吗？她说，我就觉得你比其他人都矮一个头。啊，那你妈妈比别人矮，你会感到自卑吗？不会啊，我就觉得这样我矮就有理由了。她说。

在我学会如何爱她之前，她就已经做到无条件爱我了。

关于完整

古希腊有一个传说，很早的时候有一个林仙，她爱上了一个神，但这个男神并不爱林仙。林仙想与他永远在一起，于是她迅速地抱住他，跳入深潭，并许愿和他永远在一起，合为一体。在跳入深潭之后，他们合二为一，成为双性人：赫尔玛佛洛狄托斯。

柏拉图的《会饮篇》里，阿里斯托芬说，从前的人长得都像一个西瓜，圆咕隆咚，每个人有四只手，四只脚，一个圆头，头上长着两副面孔，一副朝前一副朝后，可是形状完全一样。从前的人有三种性别，男人、女人，和亦男亦女的第三种人。由于人类的体力都非常强壮，精力也

爱 的 随 想 碎 笔

很旺盛，想要和神灵比高低。宙斯就想出了一个办法，将人类剖成了两半，虚弱他们的力量。人被剖成了两半之后，这一半想念那一半，总是想要合拢起来，成为一个完整的自己。

从这些故事里我们可以看到，人们渴望得到完整，渴望去寻找缺失的部分，但如果一个完整的人就意味着雌雄同体，那我们完全可以独自去完整自己的人格。

几年前，我的一份工作经常需要短途出差，为了节约时间，我总是开车当天往返。每次开在高速公路上，音箱里放着音乐，我一路跟着大声唱歌。那个时候，我觉得自己接近一个完整的人，既是女人，又是男人，没有任何限制，无比自由。

关于放弃

很久以前我家住在一楼，有一只流浪猫跑到院子里，我喂了它几顿，它就一心想要钻到我的房间里来。我不让它进屋，它就每晚挨着门睡，我一走到院子就蹭我的腿。大概睡了三个晚上，我都已经习惯了它的存在。第四天早上我开门到院子里想要喂它，发现它跳到了院子的围栏上，我叫了它一声，它回头看了我一眼，眼神里看不出任何的留恋，好像已经不认识我了。它只看了我那一眼，就迅速跳下围栏跑掉了。再也没有回来。

很多年以后我一直记得那只猫的眼神，并且在很大程度上影响了我的感情观。渴望一个人的时候用力争取，发现无以为继的时候绝不回头，是那只猫教会我的事。

爱 的 随 想 碎 笔

爱是来自过去的光

关于宇宙，在所有已知的常识中有一条带给我的震撼最为强烈，以至于一直到今天，仰望星空，看到每一颗星星，我都会提醒自己：你所看到的每一颗恒星所发出来的光，都来自过去，它们经过了几光年，几百光年，甚至是几百万光年的路途，达到地球，到达此刻每一个抬头仰望的人眼中。

我们每一个凡人，都可以凭肉眼看到过去。

比如人类用肉眼所能看到的最远的天体之一仙女座星系，距离地球约 250 万光年。我们遥望仙女座星系所看到的光，在它们出发的时刻，地球刚刚进入第四纪冰期，人类的祖先逐渐适应了冰期环境，分化出不同的人种。

因为这一点，我有了这样一个念头——爱是来自过去的光。

无论是爱人发自内心说出的"我爱你"，还是你心中满溢而出的爱意，都来自过去——或许是几微秒之前的过去。

爱一经发出，就不再受人们的控制，它永不消散，恒定向前。

我们无法控制一段关系，但只要在关系中产生过真正的爱，就意味着无常之中的永恒。

这样一想可真好啊，宇宙处处都有光。

爱 的 随 想 碎 笔

图书在版编目（CIP）数据

好好虚度爱情 / 伊登著 . —— 广州 : 广东人民出版
社 , 2024. 10. —— ISBN 978-7-218-14683-6

Ⅰ . C913.1

中国国家版本馆 CIP 数据核字第 2024UW7484 号

HAOHAO XUDU AIQING

好好虚度爱情

伊登 著

出 版 人：肖风华

责任编辑：廖智聪
特约编辑：吴嫱霞
责任校对：李伟为
装帧设计：崔晓晋
责任技编：吴彦斌

出版发行：广东人民出版社
地　　址：广州市越秀区大沙头四马路 10 号（邮政编码：510199）
电　　话：（020）85716809（总编室）
传　　真：（020）83289585
网　　址：http://www.gdpph.com
印　　刷：广东鹏腾宇文化创新有限公司
开　　本：889mm×1194mm　1 / 32
印　　张：6.75　**字　　数：**103 千
版　　次：2024 年 10 月第 1 版
印　　次：2024 年 10 月第 1 次印刷
定　　价：58.00 元

如发现印装质量问题，影响阅读，请与出版社（020-85716849）联系调换。
售书热线：020-87716172